Petite histoire de
la FÉODALITÉ
Mémento pour tous démêlant le vrai du faux

Chez le même éditeur

Collection « Au Temps Jadis »

Fêtes populaires d'autrefois : *les réjouissances de nos aïeux*, 2013

Histoire pittoresque des métiers (tome 1), 2013

200 jeux de notre enfance en plein air et à la maison, 2014

La publicité d'antan s'affiche (tome 1) : la réclame d'autrefois à travers les affiches publicitaires, 2014

La publicité d'antan s'affiche (tome 2) : la réclame d'autrefois à travers les affiches publicitaires, 2014

Histoire de France : *l'indispensable pour devenir incollable*, 2015

Grandes légendes de France (tome 1) : *10 récits merveilleux de nos aïeux*, 2015

Nos 500 expressions et proverbes les plus pittoresques : la quintessence de la sapience, *2015*

Si la France m'était contée... (volume 1) : *voyage encyclopédique au cœur de la France d'autrefois*. Nouvelle édition, recomposée et enrichie, des numéros 1 et 2 (parus en 2002) du périodique La France pittoresque, 2015

Si la France m'était contée... (volume 2) : *voyage encyclopédique au cœur de la France d'autrefois*. Nouvelle édition, recomposée et enrichie, des numéros 3 et 4 (parus en 2002) du périodique La France pittoresque, 2015

Si la France m'était contée... (volume 3) : *voyage encyclopédique au cœur de la France d'autrefois*. Nouvelle édition, recomposée et enrichie, des numéros 5 et 6 (parus en 2003) du périodique La France pittoresque, 2016

L'encyclopédie du temps jadis : collection des 40 numéros parus entre 2003 et 2014 de la publication La France pittoresque

Collection « Figures de France »

Si Jeanne d'Arc m'était contée... : *savoir l'essentiel sur la Pucelle*, 2015

Si Louis XI m'était conté..., à paraître

Collection « Questions Historiques »

Petits mensonges historiques : enquête sur des mots historiques célèbres mais jamais prononcés, 2012

La Bastille : prisonnière séculaire des mensonges révolutionnaires, *2015*

Petite histoire du règne de Louis XIV : dialogue autour de l' « absolutisme », *2015*

Collection « Nos Villes et Villages Pittoresques »

Une saison d'été à Biarritz : Biarritz autrefois, Biarritz aujourd'hui, 2014

Petite histoire de
la FÉODALITÉ

Mémento pour tous démêlant le vrai du faux

La France pittoresque

La France Pittoresque
COLLECTION « Questions historiques »
Dirigée par Valéry Vigan

© La France pittoresque, 2015

Illustration de couverture : *Château de Passy-les-Tours à Varennes-lès-Narcy (Nièvre).* Lithographie de Barat (1840)
Site Internet : www.france-pittoresque.com
Mail : info@france-pittoresque.com

Siège de la forteresse de Châteaugiron par Louis d'Anjou et Du Guesclin, pendant la guerre de Cent Ans. Enluminure de la Compilation des chroniques et histoires de Bretagne, par Pierre Le Baud (1480)

« Seigneur direct d'un certain nombre de terres qui formaient le domaine royal, et des vassaux qui habitaient sur ces terres, le roi était le suzerain de tous les autres seigneurs qui, sauf la relation féodale, jouissaient d'une complète indépendance à l'égard de leurs propres vassaux, lesquels étaient eux-mêmes, et toujours sauf la même relation, maîtres absolus dans leurs fiefs, et seuls aptes à y percevoir des impôts, et à y exercer l'autorité. »

(Abel Hugo, *Histoire générale de France depuis les temps les plus reculés jusqu'à nos jours (Tome 3)*, 1839)

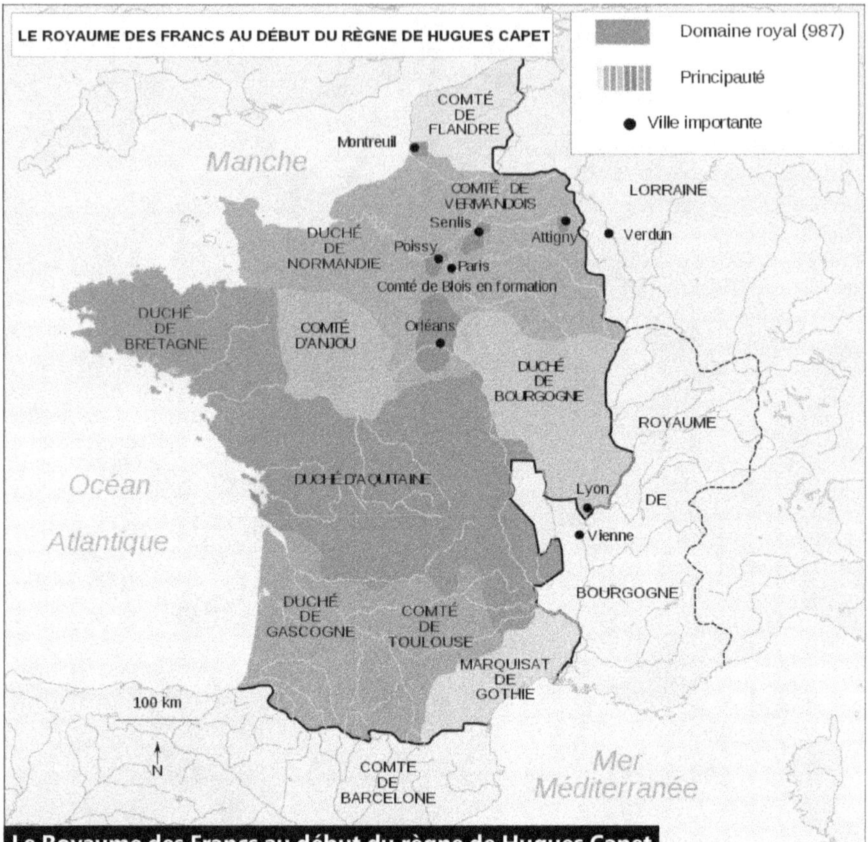

Le Royaume des Francs au début du règne de Hugues Capet

Élection de Hugues Capet en 987

CHAPITRE I

De l'avant féodalité

Durant les six siècles de transition séparant la chute de l'Empire romain (Ve siècle) de l'établissement du régime féodal (fin du Xe siècle), explique en 1838 l'historien Théophile Lavallée, il n'y a rien eu de fixe ni de régulier dans les choses et dans les hommes : la philosophie grecque et la théologie chrétienne, les royautés impériale et germanique, les aristocraties gauloise et franque, les institutions municipales et les assemblées du Champ-de-Mars, les lois romaines et barbares, les leudes et les ahrimans, les curiales et les colons, les prêtres et les laïques, les vainqueurs et les vaincus, tous étaient dans un état de fluctuation perpétuelle, vivant au jour le jour, et se transformant sans cesse, coexistant l'un dans l'autre, et n'aspirant qu'à se détruire. Nuls droits n'étaient constitués, nulle position fixée ; les Romains n'avaient pu conserver leur organisation sociale ; les Francs n'avaient pu en établir une nouvelle.

Pendant les six siècles de la domination franque, la Gaule ne formait pas une nation : c'était un mélange de peuples étrangers et ennemis, qui ne regardaient pas le pays où ils vivaient comme leur patrie commune. Elle n'a encore ni nom, ni existence, ni gouvernement unique ; vingt peuples, différents de situation, de destinée, d'intérêts, l'habitent : c'est une confédération d'états indépendants. Néanmoins on peut déjà dire que la nation française existe ; s'il n'y a pas dans la Gaule d'unité politique, il y en a une plus fondamentale et constituante, l'unité morale.

La différence profonde entre les Romains et les Germains, entre les vaincus et les vainqueurs, entre la civilisation et la barbarie, a disparu ; les mœurs, les idées, les sentiments, les langues, les institutions, ont de la ressemblance ou de l'analogie ; et un souvenir vague, mais très puissant, donne à penser que tous les peuples qui occupent le cadre de l'ancienne Gaule formeront un jour un seul et même peuple. Le noyau de cette unité politique, c'est l'état de Hugues Capet, le duché de France ou comté de Paris, qui doit imposer ses rois, son nom et sa capitale à toutes les parties de la Gaule : pays admirablement disposé pour être le centre autour duquel toutes ces parties se grouperont de gré ou de force, mais qui doit encore davantage sa fortune au génie de ses habitants et au titre de roi, si habilement exploité par ses seigneurs.

Petite histoire de la FÉODALITÉ

Le régime féodal constitue un ordre social nouveau ; avec lui l'état d'amalgame et de fermentation cesse ; vainqueurs et vaincus ont oublié leur ancienne existence, ont mêlé leurs différences de lois, d'idées, de langues ; la stabilité et la régularité commencent ; le progrès est rapide et visible. Dans cette nouvelle société, quoique pleine de tumulte et de souffrance, les hommes et les choses, les institutions et les individus sont casés distinctement ; la royauté, l'aristocratie, le clergé, le peuple des colons et des esclaves, comprennent ce qu'ils sont et ce que sont les autres ; et quand la lutte commencera entre eux, ils sauront ce qu'ils doivent attaquer, ce qu'ils doivent défendre ; leurs positions sont nettement dessinées ; le but de l'activité sociale est visible à tous.

Produit du bouleversement causé par l'invasion des Barbares et l'établissement du christianisme, le régime féodal a donc été dans la vie de l'espèce humaine un très grand pas : inférieur, intellectuellement, aux sociétés anciennes, il leur était politiquement égal, et moralement supérieur ; c'est lui qui a tenu à l'état d'enveloppement tous les éléments de la civilisation qui se développent aujourd'hui ; enfin il avait en germe l'unité nationale.

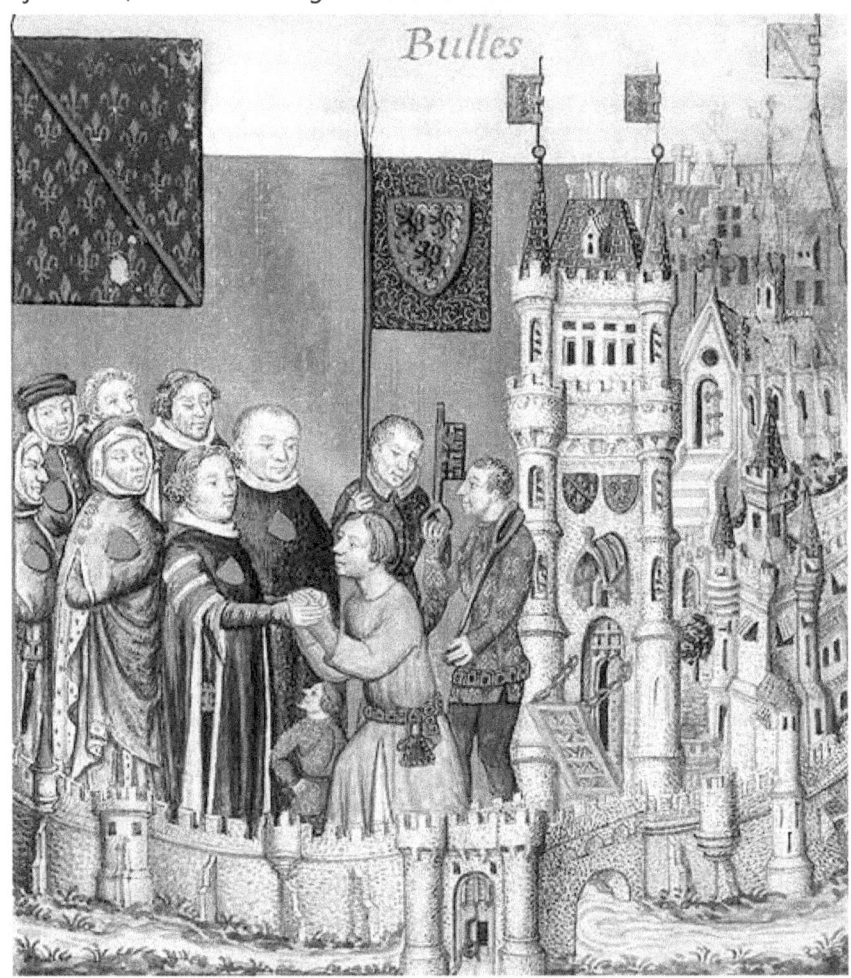

Le château féodal (extrait de l'*Hommage du comté de Clermont-en-Beauvaisis*, manuscrit du XIVe siècle)

CHAPITRE II

De la féodalité telle que perçue par nos contemporains

Connaissez-vous le pays des grandes plaines, à l'aspect monotone et silencieux comme le désert, plateau fertile, dont les riches moissons et l'uniformité sont également renommées ? demande en 1860 aux lecteurs de *La Semaine des familles* son directeur, l'historien Alfred Nettement. C'est dans cette Beauce, si décriée par les poètes, que la nature m'est apparue pour la première fois, et il y a entre nous le lien étroit d'un souvenir d'enfance. Je la retrouvais chaque année avec bonheur, mon regard aimait à plonger dans ce vaste horizon si différent de la rue étroite où j'étais né. Je pensais que la ligne bleue derrière laquelle le soleil descendait le soir fermait l'entrée des beaux pays que je voyais en rêve, et j'aurais voulu suivre les hirondelles et les alouettes qui chantaient en dépassant cette ligne impénétrable. Là devait se trouver la mer, cette immense inconnue dont on me parlait quelquefois ; les montagnes, ces gradins gigantesques qui rapprochent la terre du ciel ; toute cette création dont je n'avais qu'une page sous les yeux et que j'aimais parce qu'elle était belle et qu'elle venait de Dieu.

Ces souvenirs, frais et embaumés comme les parfums du matin égayaient mes promenades pendant le dernier séjour que je fis en Beauce à une autre époque de ma vie. J'avais alors perdu le prisme merveilleux de mon enfance, la plaine m'apparaissait dans toute sa monotonie ; je savais qu'à l'horizon soufflait le vent de la Sologne enfiévrée ; je reconnaissais qu'aucun mouvement de terrain, aucune hauteur, aucune vallée n'interrompt ces perspectives infinies, assez semblables à celles de l'Océan quand, le vent venant à tomber, la mer se repose dans sa tranquille majesté. Avant la moisson et lorsque les épis commencent à jaunir, ce spectacle n'a rien qui attriste l'âme. L'ondulation des blés qui se couchent et se relèvent au souffle d'un vent frais a été souvent décrite par les poètes, et, quand une joyeuse volée d'alouettes, s'élevant tout à coup, chante la bienvenue au soleil levant, on éprouve une sorte d'apaisement intérieur auquel il n'y a pas d'agitation qui résiste. C'est comme un rassérénement de toutes les facultés de l'âme ; l'homme sent entrer dans son cœur le calme de cette belle nature.

J'avais souvent, dans mes promenades, trois compagnons avec lesquels j'échangeais des idées sur les temps passés ou sur les temps présents. L'un deux était un ancien avoué qui avait fait sa fortune dans une ville voisine du bourg où je me trouvais. C'était un de ces esprits pointus, quinteux, épilogueurs et revêches prédestinés à l'opposition. La tournure de son intelligence était essentiellement critique, et par caractère il était porté à dénigrer toutes les supériorités sociales qui ne sortaient pas comme lui des affaires. C'était un défenseur à outrance de l'égalité, j'entends de l'égalité qui le mettait au niveau de ses supérieurs, car il regardait de très haut ses inférieurs, et ne sacrifiait jamais aucun de ses droits, si minime qu'il fût. Il avait failli chercher querelle au curé parce qu'il avait cru remarquer que sa part de brioche bénite était moins grosse que celle du propriétaire du château voisin : n'avait-il pas vu poindre dans ce petit incident le symptôme d'un retour à la féodalité !

Il avait été un des coryphées de l'opposition libérale dans les dernières années de la Restauration, et, sous le gouvernement qui avait suivi, il n'avait guère été plus favorable au pouvoir. « Notre ennemi, c'est notre maître. » Cette devise du baudet de la Fontaine était la sienne. Il était naturellement voltairien, libre penseur, esprit fort, ou du moins il croyait l'être ; ce qui ne l'empêchait pas de s'emporter quand sa cuisinière renversait la salière sur la table ou plaçait son couteau et sa fourchette en croix. Sauf une demi-douzaine de défauts de ce genre, il était bon homme au demeurant.

Le second de mes compagnons de promenade était un riche fermier des environs. Il n'avait reçu qu'une éducation très élémentaire, mais sa bonne et forte nature y suppléait. J'ai rarement rencontré un jugement aussi droit, un sens aussi sûr. La santé qui florissait sur son large visage coloré et bruni par le soleil était l'image de la santé de son intelligence, et il aspirait à la vérité aussi naturellement que l'ancien avoué aspirait au paradoxe et au sophisme. Je le dirai en passant, je suis resté bien souvent étonné du peu d'influence que l'instruction exerce sur le sens d'un homme.

Le savoir orne l'esprit, mais il ne redresse pas le jugement, et il semble que bien souvent il ne serve qu'à enjoliver la sottise au lieu de la modifier. Un esprit faux qui a de l'instruction n'en devient que plus dangereux, il a des armes. J'étais toujours sûr que M. Pierre, c'est ainsi que nous appellerons notre fermier, dont la conversation me rappelait souvent le bon sens du *Bonhomme Richard*, serait dans le vrai de la question ; s'il estropiait quelquefois la grammaire, et si le *j'avions* et le *j'étions* campagnards se rencontraient souvent dans sa bouche, il pensait toujours juste. Je n'étais pas moins assuré que notre avoué serait toujours à côté de la question. C'était un beau parleur à qui les lieux communs libéraux du *Constitutionnel* — je parle du *Constitutionnel* sous la Restauration — venaient naturellement à la bouche. Mais il ne pouvait pas résister à la tentation d'un sophisme, et la vérité toute nue lui faisait un peu l'effet que la lumière du ciel produit sur les hiboux : elle l'éblouissait au lieu de l'éclairer, et il se hâtait de rentrer dans la nuit de quelque argument alambiqué pour la fuir.

Notre dernier compagnon de voyage était le curé de la localité. Non seulement c'était un pieux et saint prêtre, mais c'était un homme d'une intelligence élevée et d'un savoir remarquable. Il lisait tous les ouvrages remarquables qui paraissaient sur la philosophie, l'histoire et la littérature, et c'est ici le cas de rendre justice à notre clergé des campagnes : si faibles que soient les ressources qui lui sont allouées, et sur lesquelles il prélève cependant la part de la charité, il achète les livres importants qui paraissent, et se maintient ainsi au niveau de la science contemporaine. La bibliothèque, que l'on cherche en vain, la plupart du temps, dans la maison du riche, ne se rencontre presque plus qu'au presbytère.

Nous étions sortis, par une assez belle soirée de la fin de juillet, mes trois compagnons habituels de promenade et moi, et nous devisions sur la moisson, qu'on venait d'achever. Nous demandions à M. Pierre ce qu'il en augurait, et s'il partageait l'opinion de ceux qui nous menaçaient d'une disette. M. Pierre, parmi les bonnes qualités de son esprit, a celle de n'être ni alarmé ni alarmiste : il ne se plaint jamais de sa moisson, contre l'usage de bien des cultivateurs, qui ne parlent qu'en gémissant des intempéries des saisons, et qui, si l'on voulait les en croire, y

Illustration du XIXᵉ siècle représentant le prétendu « droit du seigneur »

mettraient du leur chaque année. Il prend le temps comme Dieu l'envoie ; au lieu de paraître toujours prêt à intenter un procès à la pluie ou au soleil, il tâche de tirer le meilleur parti possible de chaque année, ce à quoi il réussit fort bien, dit-on, car il a la réputation de faire d'excellentes affaires. Il se contenta de nous répondre qu'on ne pouvait encore juger d'une manière bien exacte du rendement de la récolte, mais qu'il n'y avait rien de perdu, et que ceux qui se pressaient de rentrer la moisson souffriraient plus que les autres, parce que l'année avait été pluvieuse et qu'ils rentreraient leur blé mouillé.

« Oui, s'écria l'avoué, avec la liberté agricole que vous a donnée notre immortelle Révolution de 1789, vous êtes toujours sûrs de vous en tirer, messieurs les cultivateurs. Vous mettez de grosses sommes de côté pour doter vos filles. Autrefois il n'en était pas ainsi : que de droits de toute nature vous accablaient !

— Il y en avait un, en effet, qui gênait beaucoup les laboureurs, à ce que j'ai entendu dire à mon grand-père, reprit M. Pierre, c'était le droit de champart.

— Et en quoi ce droit vous gênait-il plus que d'autres ? demandai-je.

— Je vais vous le dire. Le champarteux avait le droit, quand la moisson était finie et les gerbes liées, de venir choisir parmi les gerbes celles qui lui revenaient d'après la charte de redevance qui en marquait le nombre. Tant qu'il ne les avait pas désignées, on ne pouvait rentrer la moisson. Vous comprenez à quelles pertes on était exposé quand le temps se gâtait ou que les années étaient pluvieuses comme celle-ci. On n'avait le droit ni de le forcer à avancer l'instant de sa visite, ni de choisir pour lui s'il ne choisissait pas. Il était interdit de relever les gerbes avant qu'il eût choisi les siennes ; s'il y mettait de la négligence ou de la mauvaise volonté, il pouvait faire perdre à celui qui était soumis à ce droit sa récolte entière. »

Je convins naturellement que ce droit était abusif et pesant.

« Celui-là et d'autres, interrompit l'avoué triomphant. Tout cela était le résultat de l'infâme féodalité. Vraiment, je me sens atteint dans ma dignité, et prêt à perdre cette patience que la philosophie nous conseille de toujours garder, quand je pense que pendant tant de siècles on a obligé des hommes comme moi à battre l'eau des fossés pour faire taire les grenouilles qui empêchaient la châtelaine de dormir quand elle était malade. Être né homme et se voir contraint de passer la nuit à empêcher les grenouilles de coasser !

— Il est vrai qu'il y a moyen de l'employer plus agréablement et plus utilement, interrompis-je en riant.

— Oui, riez, riez des excès des vôtres, reprit l'avoué avec une certaine aigreur. Dieu merci ! nous avons secoué le joug de votre féodalité.

— Pas plus la mienne que la vôtre, répliquai-je. Je n'ai pas l'honneur, vous le savez, de compter parmi mes aïeux de hauts barons féodaux, et je n'ai ni châteaux forts dont les fossés pourraient vous rappeler des souvenirs fâcheux, ni pont-levis, ni mâchicoulis.

— Soit ; mais alors pourquoi ne partagez-vous pas mon indignation contre cette époque odieuse et tous les droits qu'elle consacrait ? Droit de haute, moyenne et basse justice ; droit à la taille double quand le seigneur marie sa fille aînée, quand il est armé chevalier, quand il est pris par l'ennemi, quand il part pour la Terre Sainte ; droit sur les marchés, droit sur les balances, droit sur les péages, droit sur le four banal... ; je m'arrête, car, dussé-je parler une heure, je ne pourrais pas tout dire, et, par égard pour M. le curé, je ne mentionne pas tous les droits du seigneur.

— Prenez garde, dit le curé, il me semble que M. Louis Veuillot a eu jadis une polémique à ce sujet avec M. Dupin l'aîné, et que ni les hommes de sens ni les rieurs n'ont été du côté de ce dernier.

— Il est tout simple que le clergé, qui recevait la dîme ecclésiastique, fasse cause commune avec le seigneur, qui percevait le droit féodal, répliqua l'avoué.

— Allons, allons, monsieur l'avoué, dit le fermier avec son bon gros rire, il y a longtemps que nos curés ne reçoivent plus la dîme ; et laissez-moi vous dire sans rancune que les avoués font payer bien cher leur papier timbré. Je m'en suis aperçu, l'an passé, à mon dernier procès. Et puis je me souviens d'avoir entendu répéter souvent à mon grand-père que la dîme ne gênait en rien les cultivateurs ni la culture. On donnait une gerbe sur dix et tout était dit ; on rentrait son grain quand on voulait. Oh ! le champart, à la bonne heure, c'était le fléau du laboureur !

— Voilà comme vous êtes, vous autres gens de la campagne, répliqua l'avoué ; vous ne protestez que contre ce qui gêne votre culture ; mais les droits de l'homme, la dignité, la fraternité, l'égalité, les principes en un mot, vous en faites bon marché. Tenez, vous n'êtes pas dignes des droits que notre immortelle révolution de 1789 nous a donnés. Il est vrai, monsieur Pierre, que vous n'avez pas comme moi lu l'histoire. Vous ne savez pas ce que c'est que la féodalité. Croiriez-vous qu'il y avait des tenanciers qui étaient obligés, à un jour dit, de venir baiser le verrou de la principale porte du fief dominant, d'autres de chanter devant le seigneur une chanson à boire ? Ceux-ci devaient venir se faire tirer, à jour dit, le nez ou les oreilles par le maître d'hôtel du baron ; ceux-là faire des gambades ou des grimaces. »

J'interrompis cette énumération bouffonne en disant à l'avoué que, quoique j'eusse lu l'histoire, ou plutôt parce que j'avais lu l'histoire, je trouvais qu'il prenait la féodalité par son petit côté.

« Elle a donc un grand côté ? demanda-t-il, non sans ironie.

— Sans doute, lui répondis-je, et, si vous voulez que nous consacrions quelques-unes de nos promenades du soir à traiter ce sujet, je me fais fort de vous le prouver ; seulement il sera convenu que nous parlerons sérieusement d'une chose sérieuse. Les paradoxes et les lieux communs seront mis au nombre des armes prohibées. J'ai peur que vous n'ayez puisé vos idées sur la féodalité dans M. Dulaure. Je vous déclare tout d'abord que je le récuse. Il n'a rien compris au régime féodal, ou, s'il y a compris quelque chose, il a tout fait pour empêcher ses lecteurs d'y rien comprendre. Ceux qui jugeraient la féodalité d'après M. Dulaure ressembleraient à des gens qui iraient chercher leurs appréciations sur la Restauration dans les livres de M. de Vaulabelle, et leur jugement sur le gouvernement de Juillet dans la collection du *Charivari*. Dulaure n'est pas un historien, c'est un pamphlétaire.

— Eh bien, j'accepte ! s'écria vivement l'avoué ; je suis curieux d'entendre faire en plein dix-neuvième siècle le panégyrique de la féodalité.

— Vous vous trompez de tous points, lui dis-je ; ce n'est ni le panégyrique ni même l'apologie de la féodalité que je prétends faire. Je ne cacherai aucun de ses abus, je ne dissimulerai aucune des misères dont elle a été accompagnée. Ma thèse, la voici : j'affirme que jamais on ne voit se produire en histoire un régime de quelque durée, sans que ce régime ait sa raison d'être. J'espère donc vous démontrer que, lorsque la féodalité prit naissance, elle avait sa raison d'être dans la situation générale de l'Europe et dans la situation particulière de toute la France.

Elle n'était point venue par hasard, elle était une étape nécessaire de notre histoire. Après avoir prouvé que la féodalité n'a pas été un effet sans cause, j'espère vous démontrer qu'elle a rendu de grands services aux sociétés chez lesquelles elle s'est établie, des services que seule elle pouvait rendre à cette époque et dans la circonstance donnée ; qu'elle a enfanté de nobles et fiers caractères, produit de grandes et éclatantes choses. Tout cela a été mêlé d'abus, d'excès, de malheurs, je ne le nie pas. Mais quel est le régime qui n'a pas eu, qui n'a pas ses abus, ses excès et ses malheurs ? Que celui-là, comme il est dit dans l'Évangile, se lève et jette la première pierre à la féodalité.

Parmi ses torts, le plus grave, sans contredit, a été d'avoir survécu, dans quelques-unes de ses conséquences éloignées, aux circonstances qui avaient motivé sa naissance. C'est là ce qui a rendu son souvenir si odieux dans les campagnes. On l'a trouvée surtout pesante quand elle est devenue inutile. Mais nous ne sommes point dispensés pour cela de juger équitablement cette institution en remontant à son origine.

Puisque vous êtes un si grand ennemi de la féodalité, monsieur l'avoué, je vous accepte pour contradicteur. M. le curé se mêlera aux débats quand il le jugera à propos, comme un conciliateur et comme un arbitre ; et, si vous le voulez bien, nous prendrons M. Pierre pour juge. Vous ne m'accuserez pas de vous citer à comparoir devant la cour seigneuriale d'un haut baron ayant droit de haute, moyenne et basse justice, et regardant les vilains comme gens taillables et corvéables à merci. »

L'échiquier du pouvoir (extrait de *Ab urbe condita*, manuscrit du XVe siècle)

CHAPITRE III

De l'origine et des principes de la féodalité

Nous ne pûmes, les jours suivants, reprendre nos promenades accoutumées à travers les champs, à cause de la pluie qui ne cessait de tomber. On commençait à éprouver des craintes sérieuses pour la moisson : les Artésiens qui viennent tous les ans en Beauce pour scier les blés avec leurs faucilles, et qu'on appelle dans le pays les sapeurs, étaient déjà établis depuis quelques jours dans les fermes, et on était obligé de les nourrir à ne rien faire, en attendant la fin de cette pluie opiniâtre qui mettait obstacle aux travaux des champs. Nous profitâmes le curé et moi, d'une éclaircie qui se fit dans la soirée d'une journée pluvieuse pour aller visiter M. Pierre dans sa ferme, située à quelques kilomètres seulement de la petite ville que nous habitions.

Une ferme m'a toujours produit l'effet d'un gouvernement. Le fermier est un roi rustique qui doit tout voir et tout conduire dans son domaine, qui, sans tout faire, donne l'impulsion et un coup d'œil de surveillance à tout ce qui se fait. Tout aboutit à lui, il distribue à chacun sa tâche, indique les pièces de terre auxquelles il faut se rendre, les travaux qu'il faut faire, inspecte son troupeau qui sort ou qui rentre, trouve un regard pour ses attelages, pour ses vaches qu'on mène au pâturage, et, quand il a distribué la besogne de la journée, il part à cheval ou à pied, un bâton à la main, pour surveiller les travailleurs. Une heure perdue sur un point, une heure perdue sur un autre par les nombreux ouvriers qu'il emploie, ont, dans toutes les saisons de l'année, de graves inconvénients, et peuvent, à une certaine époque, amener la perte de la moisson, qui doit être coupée et rentrée à temps.

Nous traversâmes la vaste cour remplie de fumier sur lequel les poules cherchaient leur vie : les moutons rentraient en faisant entendre un bêlement de bienvenue auquel les agneaux renfermés dans la bergerie répondaient par un cri plaintif qui me faisait comprendre qu'ils reconnaissaient la voix de leurs mères ; les vaches y mêlaient leurs mugissements, les poules caquetaient, et les chevaux hennissaient en revenant de la mare où on les avait conduits pour se baigner. Le mélange de tous ces bruits formait comme une sorte de symphonie agreste qui n'était pas sans charme. Nous traversâmes la cuisine, où les ouvriers de la ferme soupaient ; chacun avait devant lui une assiette remplie de viande, un énorme morceau de pain et un pot pouvant contenir un demi-litre de ce terrible vin gascon, redouté des citadins, préféré par les gosiers beaucerons, parce qu'il a une âpreté et un piquant qui rafraîchissent ces rudes laboureurs après une journée passée sous le soleil.

Nous trouvâmes M. Pierre dans la chambre du fond, vaste pièce meublée de deux lits à baldaquin vert, d'un grand fauteuil dans lequel le fermier était assis, d'une haute armoire formant commode dans sa partie inférieure, de quelques chaises de paille et d'une table de bois. Tout était d'une grande simplicité, mais tout reluisait de propreté, et la fille du fermier, jeune et accorte personne de dix-huit ans, animait tout le logis par un rayon de cette fraîche et saine beauté qu'on ne trouve guère qu'à la campagne. M. Pierre me rappela un peu ces rois homériques qui, dans leur maison des champs, recevaient les étrangers au milieu de leurs serviteurs revenant de leurs travaux. La vie des champs n'a guère changé depuis Homère, et il en a laissé une si vivante empreinte dans l'*Odyssée*, qu'on ne peut assister aux scènes de la vie agricole sans se rappeler le peintre immortel qui, il y a trois mille ans, en traçait le tableau.

En nous voyant entrer, le fermier se leva avec cette politesse native qui est un reflet de la bienveillance du cœur, et j'aperçus l'avoué, qui nous avait précédés et qui se levait en même temps que lui.

« Je vous y prends ! lui dis-je. Et depuis quand est-il permis aux plaideurs de venir capter la faveur des juges ? Est-ce que vous avez déjà entamé notre grand procès sur la féodalité ?

— En aucune façon, répondit-il. J'ai même bien envie de récuser M. Pierre, comme suspect de partialité.

— Vraiment ! Lui auriez-vous donc découvert quelque lien de parenté éloignée avec les hauts féodaux de Bourgogne ou de Bretagne, ou avec les comtes de Champagne ? demandai-je ; ou bien serait-il allié à un degré quelconque au terrible sire de Puiset, ce croquemitaine féodal dont le nom redouté sert encore à faire peur aux enfants de Toury quand ils sont méchants ?

— Pas précisément, dit l'avoué ; mais il vient de me raconter certaines histoires qui prouvent que sa famille est ce qu'on appelait une famille de ci-devants.

— De ci-devants, non ; d'honnêtes gens, oui, reprit M. Pierre. Monsieur l'avoué veut rire. Le fait est qu'il m'a demandé d'où me venait cette armoire ; alors je lui ai dit qu'elle venait de ma grand-mère, et, comme il a voulu savoir pourquoi je ne meublais pas notre chambre à la moderne, avec des meubles d'acajou, je lui ai expliqué que je tenais à cette armoire et que je ne l'échangerais pas contre le plus beau meuble à la moderne.

— Et pourquoi cela ? demandai-je à mon tour.

— Pourquoi cela ? parce que, dans les mauvais jours de la grande Révolution, ma grand-mère, qui donnait asile aux prêtres non jureurs, ouvrait, le dimanche, la partie inférieure du grand meuble, qui leur servait d'autel pour dire la messe. C'est un souvenir de famille. »

Je m'inclinai involontairement devant M. Pierre. Je retrouvais dans cette humble chambre de ferme les deux vertus qui font vivre les familles et les empires, la foi et le respect de la tradition. Le silence régna quelque temps parmi nous, chacun était absorbé dans ses réflexions. Ce fut l'avoué qui le rompit le premier.

« Êtes-vous prêt, me dit-il, à soutenir votre gageure sur la féodalité ?

— Parfaitement prêt ; mais oserai-je vous demander à vous-même quelle idée vous vous faites de l'établissement de la féodalité en France, et à quelle cause vous attribuez cet établissement ?

— C'est tout simple. Les derniers Carolingiens furent des princes faibles, qui, au lieu de maintenir l'autorité centrale, en laissèrent relâcher les liens. Les seigneurs, qui ne demandaient pas mieux que de s'émanciper, se rendirent héréditaires dans leurs gouvernements. Alors l'unité de la France disparut ; la monarchie fut remplacée par une république de barons qui opprimèrent, vexèrent et pillèrent les populations à merci, réduisirent les habitants des campagnes en esclavage, et les assujettirent à mille droits intolérables. Il fallut des siècles de lutte et enfin notre grande Révolution de 1789 pour mettre fin à cet état de choses abusif.

— Je crois que l'établissement de la féodalité est une chose beaucoup moins simple que vous ne le pensez, répliquai-je. Prenez garde de tomber dans l'illusion d'optique de ceux qui s'imaginent que la France a toujours été ce qu'elle était sous Louis XIV et sous Louis XV. Après les travaux de MM. Guizot et Augustin Thierry et les premiers travaux de M. Michelet, il n'est pas possible de soutenir sérieusement une pareille opinion. Si vous parcouriez les diverses provinces de la France à l'est,

Ville et château de Cervières (Loire) sous la féodalité

à l'ouest, au midi et au nord, vous seriez frappé encore aujourd'hui de la diversité des races, des types et des habitudes. Reculez de dix siècles, ces races sont des nationalités. Sur les populations déjà si bariolées de la Gaule sont venues se poser comme des alluvions vivantes les invasions barbares : Burgondes, Wisigoths, Alains, Goths, Suèves, Francs ; de sorte que l'antagonisme est la loi de ce monde gaulois dont le despotisme romain avait fait la seule unité, unité factice et prématurée.

Soyez sûr que ce fut la cause fondamentale de la pluralité des monarchies franques et de leurs luttes continuelles attribuées par le vulgaire des historiens à des ambitions individuelles. L'antagonisme est plus profond. Les éléments dont se composera plus tard l'unité française sont trop discordants pour se fondre. Ils se heurtent et se combattent, la grande chaudière est en ébullition, mais il faudra bien des siècles pour que le métal national en sorte formé.

— Et que faites-vous, dans ce système, de la haute figure de Charlemagne ?

demanda le curé.

— Charlemagne est un accident heureux qui, armé de la double puissance de la religion et de son génie, renferme un moment, comme dans un moule souverain, toute cette matière barbare en ébullition. Trois grands hommes se succédant dans la même race, une suite de succès non interrompus, des services inestimables rendus à l'Église catholique et à la papauté, dont Dieu récompense les protecteurs et punit les persécuteurs presque toujours dès ce monde, le souvenir de la puissance romaine qui vient se personnifier dans cet homme extraordinaire qui est plutôt le dernier des empereurs romains que le premier souverain de notre ère : voilà l'explication du règne de Charlemagne.

Après lui, cette unité factice, j'allais dire contre nature, qu'il avait imprimée à la France amalgamée avec l'Allemagne, se détraque ; cette civilisation viagère, dont le flambeau avait lui un moment, s'éteint avec sa vie ; les choses reprennent leur cours, et la diversité des éléments dont se compose le pays qui sera un jour la France réagit contre cette unité factice, prématurée et artificielle, et la détruit. Ce ne fut donc point parce que les rois furent faibles et les seigneurs remuants et séditieux que la féodalité s'établit. Elle s'établit parce que la diversité des souverainetés féodales répondait à la diversité des éléments hétérogènes qui se trouvaient juxtaposés sur des parties topographiquement distinctes et séparées de notre territoire, sans que leur fusion permanente fût encore possible.

Et remarquez un fait qui a été signalé par un historien moderne et qui me semble péremptoire : les grandes divisions féodales répondaient à peu de chose près à quatre-vingt-six des districts créés par les capitulaires, et nos quatre-vingt-six départements actuels répondent à peu de chose près aux principales divisions féodales. Nos distinctions administratives d'aujourd'hui étaient alors des divisions territoriales et nationales.

— Et à l'occasion de quel fait, et de quelle manière, se serait produite, selon vous, la féodalité ? demanda l'avoué.

— Je crois, répondis-je, que ce fut surtout à l'occasion des invasions des Normands que la féodalité prit son principal essor et s'organisa d'une manière stable et régulière.

— Qu'est-ce qui vous porte à admettre cette opinion ? demanda le curé.

— Un fait remarquable. Vous savez que lorsque l'empereur Charlemagne, devenu vieux, vit les barques des Normands remonter jusqu'à la résidence où il se trouvait, il pleura. Le vieil empereur prévoyait que les invasions de ces barbares amèneraient la chute de son immense empire. « Si, moi vivant, ils osent se présenter ici, disait-il, que feront-ils quand je ne serai plus là ? » On vit, en effet, les diverses parties de l'empire carolingien successivement envahies, sans que le gouvernement central, si faiblement organisé à cette époque et comme superposé au-dessus de tant de populations hétérogènes, pût leur porter secours.

Alors les résistances locales se manifestèrent ; sur presque tous les points, les gouvernements devinrent héréditaires, d'abord sans l'aveu, ensuite avec l'aveu des derniers Carolingiens ; et naturellement la résistance s'organisa autour de ces gouverneurs devenus les chefs de chaque pays, qui éprouvait le besoin de se défendre lui-même, puisqu'il n'était pas défendu. La France se hérissa de forteresses et de châteaux qui, destinés à arrêter les invasions des Normands, devinrent aussi des moyens d'indépendance contre le pouvoir central. C'était une chose inévitable. La force aspire toujours à l'indépendance, et, en outre, les autonomies locales, étant obligées de réagir fortement contre le péril qui les menaçait, éprouvèrent un sentiment très vif de leur personnalité et de leur puissance. Elles ne comptèrent plus avec personne quand elles virent qu'elles ne pouvaient compter que sur elles-mêmes.

— Tout cela peut avoir son côté spécieux, reprit l'avoué, mais il n'en est pas moins vrai que la féodalité fut un régime oppressif qui pesa lourdement sur la population et en réduisit la plus grande partie en esclavage.

— Sur ce dernier point, d'abord, vous êtes tout à fait dans l'erreur. La féodalité ne changea pas l'état des personnes. Avant le neuvième et le dixième siècle, pendant lesquels la féodalité prit son grand développement, on trouve sur notre territoire la servitude domestique, d'origine romaine ; le servage territorial, qui venait également des Romains, car les serfs de la glèbe n'étaient que les descendants des esclaves ruraux de ceux-ci ; puis le colonat, et enfin plusieurs formes de propriété et de possessions libres et non libres. Un des résultats de la féodalité fut d'associer et de combiner ces éléments autrement qu'ils ne l'étaient dans la constitution sociale qui avait précédé ; mais ce ne fut pas elle qui les créa.

Il n'est pas facile de préciser le mode de cette organisation nouvelle, parce qu'elle varia en raison des temps et des lieux, mais il y a cependant quelques principes généraux qu'il est possible d'indiquer. Il y eut d'abord une association fondée sur des droits et des devoirs réciproques entre les possesseurs de fiefs ou barons qui rendaient au suzerain des fiefs qu'ils possédaient un service militaire que celui-ci leur payait en protection : c'est là la féodalité proprement dite. C'est une association soumise aux principes de la hiérarchie. Je lisais dernièrement, dans le livre d'un homme qui a consacré toute sa vie à étudier la condition des *Français des divers états* pendant les cinq derniers siècles, Alexis Monteil, une assez belle définition de la féodalité, qu'il met dans la bouche d'un des personnages qui jouent un rôle dans son ouvrage, le commandeur de Rhodes :

« N'avez-vous pas admiré, dit-il, cette grande vitre ronde, cette grande rose qui couronne la principale porte de l'église de Saint-Martin de Tours ? N'avez-vous pas remarqué qu'elle était composée d'autres roses moins grandes encore qui en contenaient un grand nombre de petites remplies de verres de diverses couleurs ? C'est l'image de la grande monarchie féodale, sous-divisée en monarchies moins grandes, en fiefs de la couronne, sous-divisés en d'autres monarchies moins grandes encore, en arrière-fiefs qui renferment ce nombre infini de petites monarchies, c'est-à-dire de simples fiefs, de simples seigneuries, où se trouve le peuple dans diverses conditions, dans divers états. »

— J'aime cette comparaison d'Alexis Monteil, dit le curé ; elle est grande et pleine de poésie ; mais ne représente-t-elle pas plutôt l'idéal de la féodalité que la féodalité telle qu'elle a réellement existé ?

— La remarque de M. le curé est juste, quoique la définition que donne Alexis Monteil de la hiérarchie du gouvernement féodal soit tirée de Beaumanoir, de Pierre Desfontaines, de Boutillier et des auteurs du temps. Mais dans les choses humaines on ne trouve jamais cette perfection, cette régularité symétrique qui n'existe que dans la sphère des principes. Il faut faire la part des erreurs et des passions des hommes. Cependant, quoique le réel n'atteigne jamais à l'idéal, la féodalité a rendu à la France un premier service : elle a opposé sur tous les points une résistance efficace à l'invasion, que le gouvernement central n'avait pu arrêter ; elle a remplacé par une organisation forte une organisation insuffisante. En un mot, la féodalité c'est la fédération, qui seule était possible à cette époque, se substituant à l'unité absolue, dont le jour n'était pas encore venu.

— Je vous ai écouté de toutes mes oreilles, dit M. Pierre, mais ces matières sont pour moi bien nouvelles, et je ne sais si je vous ai bien saisi.

— Je suis à votre disposition pour toutes les explications dont vous aurez besoin.

— Qu'était-ce d'abord que ces gouverneurs de provinces dons vous avez parlé ?

— C'étaient ce qu'on appelait les comtes, qui administraient pour le gouvernement central.

Montlhéry : le château fort sous la féodalité

— Quelque chose comme nos préfets actuels ?

— Précisément. Seulement il n'y avait pas dans ce temps-là de budget comme de notre temps : ils avaient, au lieu d'appointements, un grand domaine en terre, c'était un salaire territorial : *fee od* ; or *fee* veut dire encore en anglais salaire, et *od*, dans la vieille langue germanique, signifiait propriété ; c'est, selon toutes les vraisemblances, l'étymologie du mot *féodalité*.

— Maintenant, continua M. Pierre, laissez-moi faire une supposition ; si vous la trouvez juste, j'aurai tout compris. Je suppose un moment qu'un tremblement de terre engloutisse Paris et le pouvoir central, les ministères, le sénat, la chambre des députés, les tribunaux, tout enfin ; nous voilà livrés à nous-mêmes, sans personne pour nous administrer, pour nous défendre. Je suppose alors un moment que notre préfet, au lieu d'avoir un traitement, ait reçu de l'État un grand domaine dans le département, et qu'il soit à la fois influent comme premier magistrat et comme propriétaire terrien.

— C'est précisément cela, lui dis-je.

— De préfet qu'il était, il devient comme qui dirait le roi du département.

— C'est exactement de cette manière que les choses se passèrent.

— Il fait reconnaître son autorité par les propriétaires et les fermiers les plus importants.

— Vous avez parfaitement compris la chose. Ceux-ci lui prêtent foi et hommage, c'est-à-dire qu'ils reconnaissent tenir de lui, à titre de fiefs, les terres qu'il possèdent.

— Qu'est-ce qu'un fief ? demanda M. Pierre.

— Un fief, c'est une terre possédée sous la condition d'une redevance envers une personne qui la garantit au possesseur. On pourrait dire, dans une certaine mesure, que votre ferme est un fief ; seulement la féodalité exigeait du feudataire le service militaire. Tenir une terre en fief, c'était posséder une terre à des conditions fixes et moyennant le service militaire qu'on devait à celui qu'on reconnaissait comme suzerain, et qui, en échange, s'engageait à vous donner aide et protection et vous reconnaissait sur votre terre des droits de juridiction que vous ne possédiez pas auparavant. « Le seigneur est tenu à son homme, comme l'homme à son seigneur, fors que seulement en révérence », disait l'ancien droit féodal. Tenir une terre en alleu, c'était tenir sa terre de Dieu seulement, sans rien devoir, ni rente, ni cens, ni relief, ni autre redevance, à qui que ce fût, vivant ou mort.

— Voilà qui est clair, dit M. Pierre. Nous serions les feudataires du préfet devenu roi du département ; il nous appellerait à son secours quand le département serait attaqué ; il viendrait au nôtre quand nous aurions besoin d'être défendus. Enfin il y aurait des liens entre les chefs des divers départements, qui deviendraient des seigneuries. Je comprends maintenant la féodalité : c'était une assurance mutuelle entre propriétaires, grands, moyens et petits, à une époque où, lorsqu'on ne se protégeait pas soi-même, on n'était protégé par personne.

— La définition est exacte, répliquai-je.

— Vraiment, s'écria l'avoué, qui nous avait écoutés, non sans donner de temps à autre des marques de vive impatience, j'admire combien on est indulgent pour les abus dont on croit pouvoir profiter. Voilà le bon M. Pierre tout prêt à s'enrôler sous la bannière de la féodalité en criant : *Montjoie saint Denis !* Eh, de grâce, mon doux seigneur, n'allons pas si vite en besogne. Avant que vous enfourchiez votre dada féodal, permettez que je prie mon honorable contradicteur de laisser là les gentilshommes et de s'occuper un peu des vilains. C'est une sotte engeance, sans doute, une vile canaille, une pauvre espèce ; mais que voulez-vous ? j'en suis et vous en êtes aussi. Tout le monde ne peut pas naître Montmorency, avoir un castel avec pont-levis, et des oubliettes dans son château pour y jeter les critiques et les censeurs comme moi. Maintenant que nous savons ce que la féodalité a fait pour les seigneurs, je ne serais pas fâché qu'on voulût bien se rappeler ce qu'elle a fait contre les vilains, les gens de la *poueste*, les serfs, gens taillables et corvéables à merci, de la tête aux pieds.

— Nous y viendrons, répondis-je ; mais remarquez d'abord que la féodalité a donné la liberté à plus d'hommes en France qu'il n'y avait de citoyens à Sparte et à Athènes.

— Comment cela ? demanda l'avoué.

— Il y avait soixante-dix mille fiefs et arrière-fiefs en France. C'étaient soixante-dix mille hommes vraiment libres, ne relevant que de la loi féodale et de leur épée ; leur famille participait à la dignité de leur position. C'était peu, sans doute, mais c'était quelque chose ; et ceux qui admirent tant les citoyens spartiates malgré les ilotes, et les citoyens romains malgré leurs esclaves, ne devraient pas être si sévères pour la société féodale. »

Les trois états dans la société médiévale : *oratores*, ceux qui prient ;
***bellatores**, ceux qui combattent ; *laboratores*, ceux qui travaillent
(extrait du *Régime des princes* de Gilles de Rome, manuscrit du XVe siècle)*

CHAPITRE IV

Du fonctionnement de la société féodale

La première fois que le temps nous permit de reprendre nos promenades du soir, l'avoué n'attendit pas que nous fussions en pleine campagne pour m'interpeller. J'imagine qu'il avait rêvé pendant plusieurs nuits de donjons féodaux avec leurs oubliettes, et que les ombres gémissantes des victimes du sire du Puiset lui étaient apparues la veille sur les débris du château de ce faucon féodal qu'il était allé visiter. Il me provoqua en me disant :
« J'espère que ce soir nous allons parler des serfs, des vilains, des gens de la poueste, taillables et corvéables à merci, car, si je m'en souviens bien, c'est à ce triste chapitre de la féodalité que nous en sommes restés. Dans ce temps-là, l'humanité se partageait en deux grandes classes : les tyrans et les esclaves, les bourreaux et les victimes. Qui n'était pas baron était serf. Qui était baron était à la fois souverain justicier, propriétaire de toutes les terres et des hommes qui les habitaient. Qui n'était pas baron n'avait aucun droit ni à la propriété ni à la justice, et l'on pouvait dire de lui ce que le droit romain disait de l'esclave : *Non tam vilis quam nullus* ; ce que je traduirai librement pour M. Pierre : *Il ne faut pas dire que l'esclave soit une créature de nul prix, il faut dire qu'il n'est pas une personne.* »
J'avais écouté avec beaucoup de patience cette tirade. Quand elle fut finie, je fis observer à mon contradicteur qu'il avait pris un moyen péremptoire pour avoir raison, c'était de faire à la fois la demande et la réponse.
« Si la féodalité, ajoutai-je, a été ce que vous dites, le partage de l'humanité en opprimés et en oppresseurs, notre discussion est terminée. Mais permettez-moi de vous faire observer qu'au lieu d'entrer dans les réalités du sujet vous vous en tenez à de vagues généralités dont vous tirez les conclusions qui vous sont nécessaires pour justifier votre thèse. D'abord il est complètement inexact qu'il n'y ait eu que deux classes d'hommes sous la féodalité, à savoir les barons et les serfs. Il y avait en outre, premièrement, des *gentix hons*, c'étaient des hommes de famille, ou de races libres, *homo gentis*, dont nous avons fait le mot gentilhomme. Il y avait en outre les *hons coutumiers* ; c'était une masse intermédiaire d'hommes qui jouissaient d'une demi-liberté, mesurée et garantie par une coutume qui était leur propriété. Leur origine se rattachait à ce que l'on appelait les *coloni* ou les

colons, et les *hospites*, les hôtes.

Vous savez que les premiers étaient des hommes qui étaient venus s'établir sur des terres dévastées par les invasions des Hongres, des Sarrasins et des Normands, et que les autres étaient des barbares qui étaient venus camper chez les propriétaires romains, à peu près comme de nos jours on établissait des garnisaires dans l'Ouest au moment de la guerre révolutionnaire. Ces gens-là étaient des vilains, si vous le voulez, des roturiers, mais ils n'étaient pas des serfs. Ils étaient protégés par une coutume terrienne, qui était, comme leur charte, un contrat entre eux et leur seigneur. Cela est si vrai, que le droit féodal posa bientôt cette maxime comme un axiome : *Le seigneur n'a mie plénière poesté sur son villain*. Ce qui signifie que le seigneur n'a nullement un plein pouvoir sur le vilain qui habite ses terres.

— Les vilains dont vous parlez, répliqua l'avoué, ne sont qu'une bien petite minorité dans le monde féodal, dont les serfs forment l'immense majorité.

— Je sais que c'est là un préjugé généralement répandu, dit le curé ; mais il ne peut rester debout en présence des derniers progrès de la science historique. Dans beaucoup de baronnies, et principalement de seigneuries ecclésiastiques, il y avait beaucoup moins de serfs que d'*hons coutumiers* (d'hommes de coutumes ou vilains). Le savant M. Guérard a prouvé, d'après des documents authentiques, que le douzième seulement de la population dépendant des vastes domaines de l'abbaye de Saint-Germain des Prés, se trouvait dans l'état de servage proprement dit, au neuvième et au dixième siècle. « Les serfs, dit-il, semblaient n'être là qu'un supplément nécessaire pour peupler les terres et les cultiver. »

— Laissez-moi ajouter, dis-je alors, que les *hons coutumiers*, beaucoup plus nombreux au Moyen Age, comme vous le dites, qu'on ne l'a cru généralement, ne furent pas seulement protégés par les coutumes orales, mais que dans le douzième siècle ils obtinrent un grand nombre de chartes octroyées.

— A la bonne heure ! j'accorde tout ce que vous voudrez relativement aux vilains, pourvu que nous arrivions aux serfs, dont vous semblez ne pas vouloir parler.

— Nous en parlerons aussi longtemps qu'il vous plaira. Mais il fallait bien établir les diverses classes d'hommes que l'on rencontrait sous le régime féodal. D'abord venaient les possesseurs de fiefs : ceux-là, hiérarchiquement groupés autour du suzerain, étaient vraiment libres, si libres, que, dans l'origine, ils avaient droit de guerre quand le suzerain leur déniait la justice à laquelle ils avaient droit. Ils étaient jugés par la cour du baron, mais cette cour était formée de leurs pairs ; ils avaient donc toutes les garanties d'une bonne et loyale justice. Le vassal pouvait, s'il prévoyait que le jugement serait contre lui, *fausser les juges*, c'est-à-dire arrêter l'effet du jugement, en appelant le second ou troisième opinant en combat singulier, ce qui est le dernier terme du droit individuel poussé jusqu'à ses conséquences extrêmes. Il pouvait *fausser la justice* de son seigneur immédiat en l'accusant, une fois l'arrêt prononcé, de faux jugement devant le suzerain de celui-ci : *Sire*, disait-il, *il m'a fait un faux jugement, pour quelle raison je ne veux plus tenir mon fief de lui, mais le tiendrai de vous qui êtes chief sire*. Alors le seigneur était obligé d'accepter le duel contre son vassal, et, si celui-ci triomphait, il ne dépendait plus que du suzerain supérieur. Telle était la condition des propriétaires des soixante-dix mille fiefs que renfermait la France.

Au-dessous d'eux venait la classe infiniment plus nombreuse des *hons coutumiers*, ou des vilains. Le vilain est jugé par le châtelain ou le bailli du seigneur selon la coutume, et il peut appeler du châtelain et du bailli au seigneur lui-même.

Au début, son recours ne va pas loin. La règle générale est que le vilain ne peut fausser le jugement de son seigneur, c'est-à-dire qu'il ne peut l'annuler par un appel. Cela vient de ce que la justice est un acte de souveraineté, et que le seigneur est souverain sur son domaine. Cependant, dès le temps de saint Louis (XIIIe siècle), l'équité du sentiment chrétien diminue la rigidité du droit féodal, et je lis dans les *Établissements* que, si le *hons coutumier* ne peut *froisser ni contredire* le jugement, il peut en demander amendement au suzerain. Seulement, si cette demande d'amendement est rejetée, il devra au seigneur une amende de 5 sols à 6 sols 1/2.

— Il me semble, ajouta le curé en s'adressant à l'avoué, qu'aujourd'hui encore les choses se passent à peu près ainsi : celui qui a indûment appelé ne paie-t-il pas les frais d'appel et l'amende ? De là, sans doute, le dicton : « Les battus payent l'amende. »

— J'arrive enfin aux serfs, continuai-je ; la condition de ceux-là était fâcheuse, je ne le dissimule pas ; mais cette condition, ce n'était pas la féodalité qui

Cérémonie de l'hommage

l'avait faite. Les serfs étaient les descendants des anciens esclaves. Il ne s'agit donc pas de savoir si le servage est une chose bonne en soi, mais bien si le servage n'est pas préférable à l'esclavage, qu'il remplaça, et je crois qu'on ne saurait en douter. Je sais que les serfs sont jugés souverainement par le délégué du baron ; je sais qu'à leur égard la pénalité est arbitraire. Ils sont taillables et corvéables à merci, comme M. l'avoué nous l'a si souvent répété. Tout cela est vrai, mais vous rappelez-vous la condition des esclaves sous la loi romaine ? Regardez bien ce qui se passe dans le monde féodal, et vous resterez convaincu que la condition de la classe inférieure s'y améliore. Le seigneur et ses serfs se trouvent rapprochés par le besoin d'une défense commune. Le seigneur secourt le serf dans ses besoins, le protège de son épée contre les gens de guerre, il lui ouvre son château, qui lui sert de refuge la nuit ; ce qui manque à la cabane du serf, celui-ci va le chercher au château. En revanche, le serf doit le secours de son bras au seigneur s'il est attaqué. Ce devoir devient presque un droit, le droit de porter les armes ; or un bras armé ressemble bien à un bras libre. Chateaubriand a dit avec son grand style : « La féodalité a puissamment contribué à l'abolition de l'esclavage, par l'établissement du servage. Elle y contribua encore d'une autre manière, elle fit du serf attaché à la terre un soldat sous la bannière de sa paroisse. Si on le vendait encore quand et quand la terre, on ne le vendait plus comme individu avec les autres bestiaux. Le serf, sur les murs de Jérusalem escaladés, ou vainqueur des Anglais avec du Guesclin, ne portait plus le fer qui enchaîne, mais le fer qui délivre. »

— Ces belles paroles de Chateaubriand me semblent d'une justesse frappante, dit le curé, et les croisades, en particulier, m'ont toujours paru une des causes décisives de l'affranchissement des serfs.

— Mais comment expliquez-vous ces impôts de toute espèce qui pèsent sur les vilains et sur les serfs ? reprit l'avoué.

— C'est le budget de ce temps-là. Au lieu de payer ses contributions au payeur central, on les paye au seigneur. Il protège, il juge, il défend par les armes ; c'est lui qui s'acquitte de tous les grands services publics, que jamais on n'a obtenus gratis. Remarquez d'ailleurs que plusieurs de ces redevances féodales n'étaient pas sans avantage pour celui qui s'en acquittait. Alexis Monteil, dans son *Histoire des Français des divers états*, a présenté un tableau fidèle et animé du paiement des redevances féodales. Le sire de Montbazon, monté sur un cheval blanc, l'oiseau sur le poing, en grande parure, habit armorié, mi-parti de rouge et de bleu, se rend au lieu appelé la table de pierre. Tous ses gens, uniformément vêtus de ses livrées de drap, se sont rangés derrière lui.

La cérémonie des hommages commence, puis celle du paiement des redevances féodales lui succède. Une foule de villageois entoure le seigneur ; la terre se couvre de blé, de volailles, de jambons, de beurre, d'œufs, de cire, de miel, de légumes, de fruits, de gâteaux, de bouquets de fleurs ; les gens du sire de Montbazon enlèvent tout. Puis viennent les gens d'état ou de métier. Le sire de Montbazon déclare qu'il est assez content de la manière dont ils ont fait les corvées ; cependant il ajoute qu'il reste quelques habits de pages qui n'ont pas été finis, et qu'il manque un grand nombre de bottines pour ses gens. « Monseigneur, répond un pauvre homme nommé Simon, les tailleurs, les cordonniers, les savetiers de la terre, nous avons travaillé toute la semaine que nous vous devons, nous ne sommes pas tenus au delà. »

— La corvée ! l'infâme corvée ! s'écria l'avoué avec indignation, enfin nous y voilà !

— Nous n'avons pas besoin d'aller la chercher si loin, reprit M. Pierre ; je la fais tous les ans avec ma charrette et mes cinq chevaux.

— Eh ! sans doute, repris-je. Alors comme aujourd'hui la corvée était un impôt.

— Et l'odieuse dîme ! s'écria l'avoué.

— Un impôt comme la corvée, répliquai-je. Voyons, puisque nous avons pris M. Pierre pour juge, permettez-moi de lui demander ce qu'il aimerait mieux, ou donner le dixième de ses gerbes à M. le curé, ou payer la valeur du dixième de sa moisson pour le budget ecclésiastique.

— Je ne donnerais pas un fétu de paille du choix, dit M. Pierre avec un franc rire ; c'est tout un.

— Permettez-moi de vous ramener encore pour un instant devant la table de marbre du sire de Montbazon, continuai-je. Je l'entends qui crie à un laboureur placé au dernier rang : « Je te vois, Jacques, avance ! J'ai trouvé en bien mauvais état la porte méridionale du château de Veigné. Tu sais bien que, d'après les reconnaissances, ta famille est chargée de l'entretenir ; du reste, c'est ton affaire aussi bien que la mienne, car, si l'ennemi tient la campagne, comme cela peut arriver, que te servira d'avoir le droit de te réfugier dans un château fort qui aura de méchantes portes ? » Aussitôt après, il dit à une bonne femme qui n'était pas loin de lui : « Veuve Martin, vous faites mal le guet de mon château de Sovigné. Je suis informé que vous dormez fort souvent au lieu de veiller. Vous ne dormez pas quand il faut venir prendre le blé que les anciens actes vous accordent pour cette garde. »

Je crois que le meilleur moyen de faire bien connaître la société féodale, c'est de lui rendre pour un moment le mouvement et la vie, et c'est ce que j'ai essayé de faire à l'aide du tableau tracé par Alexis Monteil, ce patient investigateur des siècles écoulés.

— Mais, reprit l'avoué, vous ne nous avez pas dit un seul mot de tous ces usages incongrus qui blessent les bienséances ou sont un outrage pour la dignité humaine.

— Je dois cependant vous avouer qu'Alexis Monteil ne les a pas oubliés dans le tableau qu'il a tracé de la séance féodale tenue par le sire de Montbazon devant la table de marbre. Il montre plusieurs tenanciers allant baiser le verrou du fief dominant, d'autres chantant une chanson gaillarde, quelques-uns présentant leur oreille au maître d'hôtel, qui la tire légèrement. « A leur suite, continue-t-il, venait une jeune fille un peu confuse, un peu honteuse : elle devait une de ces incongruités qui dans les écoles font crier : *Oh le mal élevé !* »

— Eh bien, s'écria l'avoué triomphant, qu'en dites-vous ? N'est-ce pas honteux ? Trouvez-vous encore une excuse pour cette saleté féodale ? Les philosophes n'ont-ils pas eu raison de tonner contre ces abominables vilenies ?

— Je vous dirai, avec Chateaubriand, que les droits dont il s'agit ici n'étaient que des amusements rustiques ou malséants, que la philosophie a pris assez ridiculement pour des abus de la force. « Lorsqu'on apportait un œuf garrotté dans une charrette traînée par quatre bœufs ; lorsque les poissonniers, en l'honneur de la dame du lieu, sautaient dans un vivier à la Saint-Jean ; lorsqu'on courait la *quintaine* avec une lance de bois ; lorsque, pour l'investiture d'un fief, il fallait venir baiser la serrure, le cliquet ou le verrou d'un manoir, marcher comme un ivrogne, faire trois cabrioles accompagnées d'un bruit ignoble ou impur, c'étaient là des plaisirs grossiers, des fêtes dignes du seigneur et du vassal, des jeux inventés dans l'ennui des châteaux et des camps de paroisse, mais qui n'avaient aucune origine oppressive. Nous voyons tous les jours sur nos petits théâtres, dans ce siècle poli, des joies qui ne sont pas plus élégantes. »

— Je suis d'avis que M. de Chateaubriand a raison, dit. M. Pierre, et il en aurait dit encore bien plus s'il avait vécu dans nos campagnes au lieu de vivre à la ville, s'il était entré dans nos cabarets, s'il avait assisté surtout aux farces qu'on représente sur les théâtres qu'on dresse sur nos champs de foire. Nous autres gens du peuple et hommes de travail, nous avons besoin d'une grosse gaieté et non de plaisirs délicats, de même que nous buvons du vin gascon au lieu du vin de Bordeaux. Je vous assure qu'on s'amuserait encore aujourd'hui des scènes qui se passaient devant le sire de Montbazon. C'est plaisant, c'est *bachique*, comme on dit dans mon village.

— Mais puisque la féodalité était une si belle chose, pourquoi est-elle tombée ? demanda l'avoué avec humeur.

— La féodalité a vécu par ses services, répondis-je, elle est tombée par ses abus. Je crois qu'à l'époque où elle est venue elle était une nécessité et un progrès. Mais ce n'était qu'un progrès relatif, et non un progrès définitif. Elle a rendu possible un état de choses meilleur, c'est là son mérite ; elle a cherché à durer au delà de l'époque où elle avait encore sa raison d'être, c'est là son tort. Mais nous voici arrivés au terme de notre promenade, et ce sera, si vous le permettez, l'objet d'un autre entretien dans lequel nous essayerons de suivre la lutte de la royauté française contre la féodalité. »

— " Qui t'a fait Comte ?
Qui t'a fait Roi ? " répondit le
Comte de Périgueux, Adalbert, à Hugues Capet dont il était le vassal.

CHAPITRE V

Du déclin progressif de la féodalité

Plusieurs jours s'écoulèrent sans que nous reprissions nos promenades accoutumées, et, par conséquent, notre conversation sur la féodalité. Pendant ce temps, j'avais encore une fois relevé dans ma pensée ce grand édifice politique et militaire qui mit un terme aux invasions qui désolaient l'Europe. Quand les envahisseurs trouvèrent partout les créneaux d'un donjon féodal garni d'arbalétriers, et dans la campagne les bonnes lances du suzerain entouré de ses vassaux, qui couraient sus aux assaillants, le flot des invasions s'arrêta devant cette muraille de fer, et là où une société générale n'existait pas encore, une association militaire, qui planta partout des drapeaux autour desquels la population se groupa, sauva les germes de la civilisation naissante. Les chefs de cette association, remplissant toutes les fonctions de la souveraineté, en eurent toutes les prérogatives. Ils tinrent l'épée du commandement, le glaive de la justice, ils levèrent l'impôt sous le nom de redevances, ils eurent le droit de guerre et de paix.

C'est là ce qui fit que la dynastie carolingienne, qui représentait la tradition romaine et impériale, disparut. Avec ses aspirations à la souveraineté générale et même absolue, avec sa prétention d'exercer partout la domination, sans être nulle part en état de s'acquitter des grands services publics, elle n'avait plus de place dans cette grande association qui se groupait suivant les affinités locales, les besoins des populations, leurs périls, pour faire face à l'ennemi. Elle ne pouvait rien être, parce qu'elle voulait être tout. Il fallait qu'une royauté, ou plutôt une suzeraineté analogue au nouvel état de choses, sortît du sein même de la féodalité, pour en accepter les lois ; c'est ce qui fit la fortune des Capétiens.

Ils étaient au premier rang de ceux qui, au milieu du désarroi de la société carolingienne, avaient défendu contre les envahisseurs le sol qu'ils pouvaient couvrir de leur épée. Le suffrage des barons les plus proches de leurs possessions les fit rois : il fallait à cette époque à la société féodale un roi à qui l'on pût répondre : « Qui t'a fait roi ? » quand il demandait « Qui t'a fait comte ? » Les barons les plus éloignés s'inquiétèrent peu de cette royauté lointaine qui naissait dans l'Ile-de-France. Pour eux ce n'était guère que le souvenir d'une société qui disparaissait : ils étaient et ils comptaient rester indépendants chez eux.

Cependant cette royauté, toute faible qu'elle était, était destinée à un grand avenir. Le gland, quand on le confie à la terre, n'est qu'une bien petite graine, la main d'un enfant peut contenir plusieurs graines de cette espèce et de ce volume. Néanmoins le chêne, ce roi des forêts, est en germe dans le gland. Mettez-le en terre, que les saisons se succèdent, que les années s'accumulent, le roi des forêts sortira du gland et protégera tout le terrain d'alentour de son ombre royale, et l'enfant qui l'a tenu dans sa main sous la forme d'une petite graine, devenu vieillard, abritera sa tête blanchie par les années sous le feuillage de l'arbre protecteur.

C'est l'image de la destinée de la royauté capétienne. Les idées s'alanguissent, elles perdent de leur empire, elles demeurent à l'état latent, mais elles ne périssent pas. C'est ce qui arriva à la tradition romaine, à l'idée impériale. Elle était à l'état latent dans la royauté capétienne, si petite qu'elle fût, par cela seul qu'elle était la royauté, et, dès que les circonstances le permirent, celle-ci commença un travail qui, favorisant les progrès de la nationalité française, devait aboutir au triomphe de cette royauté d'abord si faible et si précaire. La féodalité était une phase de notre histoire, mais elle ne pouvait en être le dénouement : c'était une association plutôt qu'une société, et elle était à la fois menacée par les souvenirs de la France et par ses espérances. Les services mêmes qu'elle avait rendus en arrêtant partout l'invasion barbare devaient contribuer à la rendre inutile. Si peu à peu on s'apercevait que cette espèce d'unité morale qui était demeurée à la France malgré le morcellement féodal se trouvait menacée par la féodalité, si elle était reconnue insuffisante pour défendre le territoire, si cette justice qu'elle avait distribuée aux populations, et qui était un bienfait relatif, se trouvait en face d'une justice plus parfaite, elle ne résisterait pas à cette épreuve.

Il y a dans le monde politique, comme dans le monde physique, une force d'attraction qui fait graviter autour du foyer le plus considérable, le plus puissant et le plus énergique, les foyers secondaires. Ce foyer, qui grandit de siècle en siècle dans notre histoire et qui finit, sous Louis XIV, par emporter tout dans son tourbillon, c'est la royauté.

J'en étais là de mes réflexions, lorsque mes trois amis entrèrent.

« Eh bien, me dit l'avoué en m'interpellant, nous venons chercher l'oraison funèbre de la féodalité. Il est temps de l'enterrer, et je ne paierai pas de pleureuses à ses obsèques.

— J'y pensais précisément au moment où vous êtes entrés, répondis-je ; mais voici l'hiver qui nous est arrivé, après quelques beaux jours tardifs, et je crois que nous ferons bien d'enterrer la féodalité au coin du feu.

— Si elle mettait à votre disposition la forêt des abus et des préjugés dont elle couvrit l'Europe, répliqua l'avoué, le combustible ne vous manquerait pas.

— Allons, interrompit gaiement le curé, laissons ces métaphores, dont on abusait trop en 1789 ; on nous dirait peut-être comme à ces deux membres de la Constituante qui se vantaient de porter chaque jour la hache dans cette forêt : *C'est probablement pour cela que vous nous débitez tant de fagots.* »

Nous nous assîmes autour du foyer où flambloyait un bon feu, et, en peu de mots, je mis mes hôtes au courant des idées qui venaient d'occuper mon esprit. « La royauté capétienne, leur dis-je, intervint de bonne heure entre et contre les féodaux à quatre points de vue : comme protectrice de l'Église ; comme expression de l'unité nationale, que cette oligarchie de possesseurs de fiefs aurait fini par détruire, s'il n'y avait pas eu une puissance centrale ; comme protectrice de la paix publique, troublée par ce droit de guerre inhérent à chacun de ces possesseurs de fiefs, auxquels elle finit par s'imposer comme arbitre ; comme pouvant donner une meilleure justice que ces juges locaux, qui, trop souvent, étaient juges et parties. Voilà les quatre aspects sous lesquels il faut étudier la royauté française si l'on veut comprendre la ruine de la féodalité.

— Allons ! dit l'avoué avec humeur, il est écrit que nous ne cesserons d'entendre l'éloge de la féodalité que pour entendre celui de la royauté !

— Il faut en prendre votre parti, lui répondis-je. Voulez-vous que la royauté ait eu tort ? Alors c'est la féodalité qui a eu raison ; et vous voilà obligé de prendre ces pleureuses que vous repoussiez tout à l'heure.

— Va donc pour l'éloge de la royauté dit l'avoué en se résignant ; mais, si cela est possible, soyez court.

— Je suis comme l'avocat auquel le président du tribunal demandait s'il serait long : je ne réponds de rien.

— Au moins passez vite sur les louanges que vous ne manquerez pas de donner aux Capétiens pour la sympathie qu'ils portaient au clergé. Ces gens-là étaient aux trois quarts moines. On les élevait dans les abbayes, comme Louis le Jeune, et ils chantaient les hymnes au lutrin, comme Robert.

— Ne croyez-vous pas que les rois qui chantent les hymnes de l'Église valent mieux pour les peuples que ceux qui chantent les chansons de Béranger ? Tenez, ne parlons pas des moines. Vous ne les avez étudiés que dans Voltaire, dans Diderot, peut-être plus bas encore, dans Dulaure, dans Béranger ou dans Pigault-Lebrun. Lisez l'ouvrage de M. de Montalembert sur les *Moines d'Occident*, et nous aurons ensuite une conversation sur les moines, si vous le voulez. Mais ce soir tâchons de rester dans notre sujet : la décadence progressive de la féodalité. Elle marcha en France d'un pas lent, mais continu. Au début, il existait des cas spécifiés où le vassal pouvait faire la guerre à son suzerain, ce suzerain fût-il le roi ; on distinguait dans celui-ci plusieurs personnes, le chef de l'État, le seigneur immédiat ou particulier, et, comme seigneur immédiat, le roi pouvait rendre hommage. Le roi n'avait pas d'armée permanente ; son armée se composait des barons, qui lui amenaient les hommes de leurs terres, comme le roi levait les hommes des siennes, et la noblesse ne lui devait le service militaire que dans les guerres défensives. Il ne recevait point d'aides, c'est-à-dire d'impôts, excepté dans les cas extraordinaires. Enfin les rois n'étaient justiciers que dans leurs domaines.

Peu à peu, tous ces axiomes de la constitution féodale tombent en désuétude. Les rois contestent de bonne heure aux seigneurs féodaux le droit de leur faire la guerre, et les font citer en leur cour des pairs, puis en leur parlement, pour les faire déclarer coupables de félonie et de haute trahison, après quoi leurs fiefs sont réunis à la couronne. A partir de Philippe le Bel (1285-1314), les rois ne veulent plus rendre aucun hommage, même par procuration, et ils remplacent l'hommage par une indemnité d'argent. Peu à peu ils trouvent moyen de se faire donner d'une manière régulière les aides, et la royauté, chargée d'exercer une action générale, et qui représentait au début ce qu'on pourrait appeler la « partie publique », n'a pas besoin de chercher de prétexte pour réclamer l'assistance financière, elle trouve des motifs légitimes. Mais ce fut surtout par l'action tutélaire de sa justice que la royauté capétienne ébranla peu à peu la féodalité, et finit par la déraciner.

— Vous conviendrez, interrompit l'avoué, que si cela fait l'éloge de la justice de la royauté capétienne, cela ne fait pas l'éloge de la justice de la féodalité.

— Je ne vous ai pas dit que la féodalité ait été un bien absolu, répliquai-je, elle a été seulement un bien relatif.

— D'ailleurs, continua le curé, il est facile de comprendre que, la justice royale étant plus éloignée, plus élevée, moins mêlée aux luttes des intérêts locaux, ait pu être plus équitable et plus impartiale. C'était, au fond, une justice de dernier ressort qui venait remplacer par la force du droit ce droit de la force qui trouvait son expression dans le duel judiciaire.

— Ainsi, demanda M. Pierre, la royauté devint comme qui dirait la cour de cassation de France ?

— Précisément ; seulement elle jugeait au fond au lieu de prononcer uniquement sur la forme. Peu à peu tous les faibles se tournèrent vers elle et s'habituèrent à attendre d'elle la justice qui leur était souvent refusée ailleurs. Il se forma alors autour d'elle un corps d'intrépides juristes, que l'on n'appelait pas en vain les chevaliers du droit et qui entreprirent la restauration de l'idée romaine de la souveraineté unique et suprême par la justice, restauration qui devait aller trop loin. C'est à l'abri même du droit féodal que ce mouvement judiciaire commence.

Pour remonter jusqu'à l'origine, Hugues Capet avait deux cours de justice, l'une comme suzerain du duché de France, l'autre comme roi. Celle-ci était formée des grands suzerains, qu'on appela par excellence les pairs de France, d'après

La justice seigneuriale se tient dans l'*aula* du château (extrait de la *Chanson de Garin de Monglenne*, manuscrit de 1460)

cet axiome du droit féodal applicable à tous les barons, que *nul ne pouvait être jugé que par ses pairs*. Ce n'était donc pas, à proprement parler, devant le roi, mais devant leurs pairs présidés par le premier d'entre eux, le roi, qu'ils comparaissaient. N'importe : le roi n'en apparaissait pas moins aux populations les plus éloignées comme le centre de la justice. Et, quand la cour des pairs tomba en désuétude par le peu d'empressement que mettaient les grands suzerains, souverains et indépendants chez eux, à venir siéger dans une cour de justice où ils avaient des pairs et un président obligé, le roi, et peut-être aussi par le peu de penchant des premiers Capétiens à réunir autour d'eux des suzerains si puissants et si riches qu'ils éclipsaient l'éclat de la royauté naissante, l'habitude de tourner les yeux vers la royauté quand on était opprimé persista.

Les rois, à défaut des grands suzerains, qui venaient rarement ou ne venaient plus, s'étaient entourés d'une cour de justice ; ils continuèrent à évoquer devant eux, sous prétexte de cas royaux, un grand nombre d'affaires, et devinrent de véritables redresseurs de griefs. Il fallait porter à ces redoutables féodaux ce que nous appelons aujourd'hui le mandat de comparution et ce qu'on appelait alors la *semonce royale*. Ce n'était pas une mission facile et sans danger, car ces seigneurs, habitués à ne relever que de leur épée, recevaient souvent très mal ces envoyés du haut justicier ou du parlement.

— Que voulez-vous ! dit M. Pierre, je ne crois pas que, comme de nos jours, les huissiers soient les bienvenus.

— Non, sans doute ; mais, à l'époque féodale, on ne se contentait pas de leur faire mauvaise mine, repris-je, on leur fit plus d'une fois un mauvais parti.

— Oui, s'écria l'avoué avec indignation, vos seigneurs féodaux n'aimaient pas la justice, et pour cause. Aussi Dieu sait quel traitement ils infligeaient aux huissiers de ce temps-là, qu'on appelait les sergents royaux ! Combien de fois ceux-ci ne furent-ils pas jetés dans les oubliettes du château dont ils avaient osé franchir le pont-levis ! Combien de fois même un seigneur barbare ne fit-il pas couper la main hardie qui lui avait présenté une citation, et n'ordonna-t-il pas à ses sicaires de clouer cette main ensanglantée à la porte extérieure du donjon comme un avertissement aux sergents qui se présenteraient encore !

— Ceci passe la permission, reprit M. Pierre. J'imagine que dans ce temps-là les études d'huissiers se vendaient moins cher qu'à présent ! Je me demande même comment on trouvait des gens pour faire ce périlleux métier.

— Le point d'honneur, si puissant en France, répondis-je, leur faisait braver tous les dangers. Les rois, qui voulaient en finir avec les combats singuliers en évoquant devant leur justice toutes les causes, anoblirent comme *chevaliers ès lois* un certain nombre de *sergeants* et d'huissiers de leurs cours, afin qu'ils pussent procéder en qualité de pairs des autres gentilshommes. Cette chevalerie judiciaire eut son héroïsme comme la chevalerie militaire. Elle accepta les missions les plus périlleuses, comme les soldats acceptent le poste le plus dangereux dans une bataille. Il y eut là aussi des Bayards sans peur et sans reproche, dont l'histoire n'a pas conservé les noms, et que nous ne devons pas moins admirer que ceux qui ont combattu sur le champ de bataille, car c'est le cœur qui fait les héros, et non l'épée.

Tenez, je me souviens d'avoir lu dernièrement dans l'ouvrage de M. Albert du Boys, l'*Histoire du droit criminel*, l'intéressante relation de la mission que reçurent un chevalier et un clerc en droit de Toulouse, chargés de signifier à ce terrible Prince Noir qui a écrit de son épée une date si douloureuse dans notre histoire la semonce royale de Charles V, qui lui commandait « de venir en la cité de Paris, en propre personne, et de se présenter devant le roi en sa chambre des pairs pour ouïr droit sur les plaintes et griefs du peuple de Guyenne, qui clamait à avoir ressort en la cour du roi de France. » Pendant que ces hardis officiers de justice *signifiaient cet exploit à la gloire*, comme parle Chateaubriand, le Prince Noir branla la tête, regarda de côté les deux messagers, et, après avoir un peu pensé, il dit : « Nous irons volontiers à notre ajournement, puisque mandé nous est du roi de France ; mais ce sera bassinet en tête et soixante mille hommes en notre compagnie. »

Si le Prince Noir se fût contenté de cette réponse, on l'aurait comprise de la part de ce capitaine plus habitué, comme l'Achille d'Homère, à trancher les questions par le glaive qu'à les faire peser dans les balances de la justice. Mais il ne se contenta pas de cette fière réponse, il y ajouta un acte odieux. Il fit arrêter les deux porteurs de la semonce royale, et les fit jeter dans un cachot où l'un d'eux mourut. Je ne sais quel nom vous donnerez à ces deux *sergeants* qui, au nom de la justice, venaient braver le Prince Noir, ce terrible homme qu'on ne vit jamais rire dans sa vie ; moi, je les appelle des héros. Du reste, ils furent vengés. Charles V n'était pas d'un caractère à laisser impunie cette insulte faite à son autorité royale. Où ses sergents n'avaient pas réussi, il envoya une armée, et la guerre ainsi commencée tourna au détriment des Anglais.

— Vous ne niez donc pas les excès de la féodalité sur ce point ? s'écria l'avoué.

— Je vous ai dit que je ne nierai rien de ce qui était vrai.

— Vous ne les approuvez pas ?

— Je vous ai dit que je n'approuverais rien de ce qui était mal. Seulement ce que je n'approuve pas, ce que je n'excuse même pas, je l'explique. On a de tout temps abusé de la puissance et de la force, et je crois que, dans tous les siècles on trouverait, sans beaucoup chercher, d'éclatants exemples de cet abus. Les féodaux étaient puissants et forts, ils étaient à leur manière des souverains, il ne faut donc pas s'étonner qu'il ait fallu du temps, des efforts, des combats, pour réduire sous le joug de la loi ces rudes et indomptables batailleurs. Leur premier mouvement était de ne reconnaître que la juridiction de l'épée.

— Voilà encore un nouvel abus de la féodalité, interrompit l'avoué, les combats singuliers ! Brutale et stupide institution !

— Et qu'était-ce donc que cette institution ? demanda M. Pierre.

— Figurez-vous, monsieur Pierre, dit l'avoué, que nous ne soyons pas vous et moi du même avis, et que nous convenions que celui qui donnera le meilleur coup de poing à l'autre aura raison. Comme vous tueriez un bœuf d'un coup de poing et que je ne viendrais pas à bout d'un mouton, il est certain que la raison serait de votre côté et que je serais assommé.

— Ça pourrait bien être, répondit M. Pierre en riant. On raisonnait donc dans ce temps-là à la force du poignet ?

— Les choses n'en étaient pas arrivées jusque-là, repris-je, et M. l'avoué embellit un peu l'histoire. Mais il est vrai que le duel judiciaire était une institution très peu raisonnable et qui entraînait de fâcheuses conséquences.

— Pourquoi donc les gens de votre robe l'ont-ils protégé et ont-ils contribué à l'établir ? demanda aigrement l'avoué au curé.

— Je crois que c'est le contraire qui est vrai, reprit celui-ci.

— J'en suis convaincu, repris-je, et je me fais fort de le démontrer quand nous traiterons cette question ; mais ce ne sera pas aujourd'hui, si vous le permettez : nos bougies qui finissent nous annoncent que la soirée est avancée et que le moment de nous séparer est venu. »

CHAPITRE VI

De l'affaiblissement de la féodalité sur fond de renforcement de la royauté

Quand nous nous retrouvâmes pour reprendre notre conversation sur la féodalité, j'essayai de montrer sur-le-champ à mes interlocuteurs, par un exemple éclatant, comment la justice royale avait conquis en France cette grande place qui s'étendit de jour en jour aux dépens des justices féodales.

« Puisque vous n'aimez pas plus entendre l'éloge de la royauté que celui de la féodalité, dis-je à l'avoué, mon contradicteur habituel, faisons quelque chose de mieux que de louer ou blâmer ; mettons les choses en action. Laissez-moi rouvrir devant vous la cour de justice de saint Louis, et vous faire assister à un procès mémorable qui fut plaidé devant ce prince. C'est un récit de circonstance dans l'époque où nous sommes, car un délit de chasse en fut la première occasion. En même temps ce récit nous servira à mesurer le chemin que la justice royale avait fait de Hugues Capet à Louis IX, et prouvera à M. l'avoué qu'on n'accordait pas aussi facilement qu'il semble le croire le combat singulier aux parties.

— Vous ne pouvez dire un mot sans rappeler un crime de la féodalité, interrompit l'avoué. Quelles lois draconiennes n'avait-elle pas portées contre le braconnage ! La loi féodale demandait la vie d'un homme pour la vie d'un perdreau ou d'un lapin.

— Vous êtes sur ce point dans l'erreur, du moins pour la France, répliquai-je. Les lois ou coutumes sur la chasse n'étaient pas en général très sévères dans le droit féodal français ; les juristes sont d'accord sur ce point. Ce fut François Ier qui introduisit un droit nouveau en édictant la peine de mort contre les délinquants quand il y avait récidive et qu'il existait des circonstances très aggravantes. Les murmures qu'excita cet édit et l'indignation qui accueillit sous le règne de saint Louis l'action du sire de Coucy sont là pour en témoigner.

— Écoutons donc le procès du sire de Coucy, dit le curé.

— Trois jeunes gentilshommes flamands, repris-je, avaient été envoyés dans l'abbaye de Saint-Nicolas des Bois, située à trois lieues du château de Coucy, pour y faire leurs études. Un jour, ces jeunes gens, étant allés se promener dans les bois de l'abbaye, aperçurent des lapins et s'amusèrent à les poursuivre à coups de flèches et de pierres. Cette poursuite les entraîna, à leur insu, hors des bois de l'abbaye, et ils se trouvèrent dans ceux du sire de Coucy. Ne parlant pas le français et ne connaissant pas le pays, ils étaient devenus délinquants sans le savoir et sans le vouloir. Des gardes du sire de Coucy les surprirent, les arrêtèrent et les mirent en prison. Enguerrand de Coucy, sur le rapport de ses gardes, ordonna, sans autre information, que les trois délinquants fussent pendus, et cet arrêt sommaire fut exécuté sur-le-champ.

En apprenant cet acte de violence, l'abbé de Saint-Nicolas se rendit immédiatement chez le connétable de France Gilles Lebrun, qui avait une alliance de famille avec une des victimes. De concert avec l'abbé et quelques parentes des jeunes gens, le connétable porta l'affaire devant Louis IX, et lui demanda justice contre Enguerrand de Coucy. Saint Louis chargea l'un de ses prévôts de faire une information préalable, et, les faits allégués ayant été établis, il cita le sire de Coucy à comparaître devant sa cour de justice. Enguerrand se présenta devant le roi ; mais il refusa de répondre à sa cour particulière, et demanda à être jugé par les pairs de France, selon le droit et l'usage des baronnies. Le roi aurait pu, selon le dire de ses juristes, refuser au sire de Coucy le privilège qu'il réclamait, il suffisait d'alléguer le démembrement de sa baronnie ; mais, laissant de côté ces déclinatoires tirés de la question de forme, Louis IX lui octroya sa demande, et réunit la cour des pairs pour qu'elle procédât au jugement de la question de fond. Seulement, par un coup d'autorité que n'admettait pas la procédure féodale, il fit arrêter Enguerrand par les sergents de son hôtel et le fit enfermer dans la tour du Louvre, afin de s'assurer qu'il ne manquerait pas au jour du jugement.

Les premiers barons du royaume se réunirent et firent une démarche collective auprès du roi ; ils lui demandèrent deux choses : la première, c'était d'élargir Enguerrand sur caution ; la seconde, c'était d'arrêter le procès moyennant une amende envers l'État et une composition pécuniaire avec les familles des victimes. Saint Louis accueillit la première demande, mais il repoussa la seconde avec indignation ; il déclara que la justice aurait son cours. « Le sang, leur répondit-il, doit expier le sang, et le châtiment doit être égal pour tous. Je serais parjure envers Dieu si j'oubliais les serments de mon sacre au point de laisser les grands crimes impunis. » Les pairs de France se réunirent donc : on remarquait parmi eux le roi de Navarre, comte de Champagne, le duc de Bourgogne, les comtes de Bretagne, de Bar, de Soissons, de Blois, l'archevêque de Reims et la comtesse de Flandre. Le roi ayant pris place le premier, l'abbé de Saint-Nicolas se présenta et demanda justice contre le meurtrier de ses pupilles.

Il démontra facilement la bonne foi, et par conséquent l'innocence des victimes, si cruellement et si iniquement mises à mort. « L'affaire, dit un vieux chroniqueur, fut débattue bien au long et mûrement et par grant délibération, et Enguerrand ne trouvoit point de réponse aux preuves qu'on alléguoit de son crime. » Les patrons de l'accusé, voyant que l'affaire tournait mal pour lui, demandèrent qu'il pût prendre conseil de ses parents. Il se retira dans une chambre à part, et, comme presque tous les seigneurs avaient avec lui des liens de parenté ou d'alliance, presque tous les juges descendirent de leurs sièges, et le roi resta seul avec son conseil et quelques grands officiers de sa couronne. Quand Enguerrand et ses parents rentrèrent, Jean de Thorote, châtelain de Noyon, déclara qu'Enguerrand niait le crime, et était prêt à s'en défendre par bataille, « mais qu'il ne pouvait se soumettre à l'information. » C'était le droit féodal qui s'affirmait devant le droit royal.

Saint Louis ne céda pas : « La voie des batailles, dit-il, ne devrait jamais être employée à l'égard des églises et des faibles, qui ne sauraient trouver des champions capables de se mesurer avec la fleur de la baronnie et chevalerie du royaume. En outre, il n'y a pas doute, le crime est évident : l'équité veut qu'il soit puni. » Le jour baissait, l'audience était à son terme, le roi fit saisir le sire de Coucy, malgré les instances du roi de Navarre et de la comtesse de Flandre, qui s'engageaient à le représenter le lendemain, et il le fit conduire dans la tour du Louvre. Il avait remarqué l'accord de toute la baronnie en faveur du coupable, et il comprenait qu'elle craignait de créer un précédent contre elle en le condamnant. Le lendemain, la deuxième audience s'ouvrit, et Enguerrand fut amené devant la cour féodale. Le roi adjura les barons de prononcer en âme et conscience sur le fond de l'affaire, en leur recommandant de ne pas considérer la naissance de l'accusé, mais son crime. La plupart refusèrent d'opiner ; ils représentaient au roi qu'ils

Saint Louis rendant la justice

étaient les parents ou les amis d'Enguerrand, qu'il leur était impossible de l'envoyer à la mort, et ils cherchaient à émouvoir en sa faveur la clémence ou la pitié de saint Louis. Enguerrand lui-même, abdiquant ce rôle de fierté qu'il avait joué la veille, s'avoua coupable, se jeta aux pieds du roi, et lui demanda grâce.

Chacun se retrouvait ainsi à sa vraie place : il y avait dans cette salle un coupable à genoux, des suppliants debout qui intercédaient pour lui, et un seul juge assis, le roi. Alors saint Louis, avec une admirable intelligence de ce qu'exigeait la justice et de ce que réclamait l'opinion dans un temps où la féodalité était encore en vigueur, où les idées féodales régnaient dans tout le royaume, fit ainsi la part du droit et du temps : « Enguerrand de Coucy, dit-il d'une voix sévère, si je croyais que Dieu demandât de moi de vous traiter comme vous avez traité ces trois jeunes innocents, tout ce que vous avez de parents ne pourrait vous faire éviter la mort honteuse que vous avez méritée ; je ne considérerais ni votre naissance ni le nombre et le pouvoir de vos amis. »

En entendant ces paroles, les pairs et les seigneurs se jetèrent aux pieds du roi et le supplièrent de modérer sa juste indignation. Alors saint Louis, voyant qu'on ne parlait plus d'impunité, mais de grâce, accorda au coupable la vie, et commua ainsi, de l'avis de son conseil, la peine capitale qu'Enguerrand avait encourue : « 1° Enguerrand payerait dix mille livres parisis d'amende au roi ; 2° il ferait un voyage de trois ans en Terre Sainte ; 3° il ferait dépendre les trois jeunes gentilshommes, et les ferait enterrer honorablement dans l'abbaye de Saint-Nicolas des Bois, et fonderait pour eux dans le même monastère trois chapellenies et deux messes par jour ; 4° il perdrait la propriété des bois où les jeunes gens avaient été arrêtés, et cette propriété serait transférée à ladite abbaye ; 5° il serait privé du droit de haute justice et de garenne dans toutes ses terres. »

Qu'en dites-vous, monsieur l'avoué ? Vous avez assisté à bien des juge-

Bataille de Poitiers le 19 septembre 1356

ments, en avez-vous entendu prononcer un seul plus sage, plus équitable, plus ferme et plus prudent que celui-ci, rendu par saint Louis en pleine féodalité ? Et puisque nous avons pris M. Pierre comme arbitre, qu'en pense-t-il ?

— Je pense, répondit M. Pierre, qu'un grand saint et un grand roi pouvait seul juger ainsi.

— Je ne le nie pas, répliqua l'avoué ; mais tous les rois de France ne furent pas des saint Louis.

— Je le sais. Cependant la supériorité de la justice royale sur les justices féodales n'est pas contestable, et elle a un caractère permanent. Remarquez qu'il était de l'intérêt de la royauté d'être équitable, et que les rois qui n'auraient pas été portés par le sentiment de leur cœur à faire justice à ceux qui réclamaient leur arbitrage y étaient conduits par la politique. En outre, il se forma peu à peu autour du trône une classe de justiciers pleins de savoir et de courage, qui devinrent la personnification de ces principes d'équité, et qui firent entrer dans les lois et dans les arrêts l'esprit du droit romain. Ce furent les plus redoutables adversaires de la féodalité.

La féodalité perdit donc progressivement un des attributs les plus précieux de la souveraineté, la distribution de la justice, parce qu'elle se montra moins apte que la royauté à s'acquitter de ce grand service public, qu'elle avait d'abord rempli à l'avantage des populations dans le désarroi général de la société assiégée par des invasions périodiques et délaissée par le pouvoir central ; ou plutôt elle fut réduite à ne plus rendre qu'une justice de première instance, qui, par le progrès des temps, devait aussi lui échapper.

— On peut ajouter, dit le curé, que, dès que la royauté le put, elle mit un terme aux guerres féodales, qui étaient un fléau pour le pays, en intervenant comme un arbitre suprême entre les seigneurs qui voulaient en venir aux mains. Les guerres furent remplacées par des procès, qui sont, à leur manière, des batailles, et les bonnes raisons firent pencher du côté du bon droit la balance dans laquelle les gros bataillons jetaient l'épée de Brennus avec sa sentence inique : *Malheur aux vaincus !*

— Pour demeurer équitable, continuai-je, il faut dire que, si la féodalité se perdit par ses fautes, elle se perdit aussi par ses services, qui rendirent un nouvel ordre de choses possible, désirable et bientôt inévitable. Ainsi les croisades, qui entraînèrent tant de hauts barons dans des campagnes d'outre-mer, donnèrent une impulsion immense à l'abolition du servage. Peu à peu les communes naquirent, le tiers état, qui devait prendre de si grands accroissements, se mesura sa place à côté du clergé et des barons, et devint le client de la royauté, son client et en même temps son puissant allié. La féodalité, qui n'avait pas ménagé ses richesses dans cette guerre sacrée, n'avait pas plus ménagé son sang. Elle en sortit affaiblie et appauvrie. Cette vertu militaire, qui avait fait sa grandeur, devait la conduire à sa décadence, parce que les longues guerres épuisaient le plus pur de son sang en même temps que ses richesses. Elle ne se ménageait pas plus qu'elle ne ménageait l'ennemi, et Crécy, Azincourt et Poitiers la laissèrent étendue et les quatre veines ouvertes sur les champs de bataille où elle avait fait ferme pour arrêter l'invasion anglaise.

— Dites plutôt, s'écria l'avoué, qu'elle nous a fait perdre ces batailles par sa fougue insensée.

— Permettez ; vous ne pouvez pas demander à la féodalité de combattre avec un autre esprit que le sien, d'autres armes que les siennes, l'esprit de chevalerie, d'indépendance, le sentiment de la supériorité individuelle.

— Elle n'avait qu'à nous laisser faire nos affaires nous-mêmes ; l'infanterie française se serait très bien passée de cette folle cavalerie.

— Sans aucun doute, si l'infanterie française avait été ce qu'elle est aujourd'hui. Mais vous oubliez une chose, c'est que cette infanterie n'était pas encore née. Ce n'étaient pas les hommes des communes arrachés la veille à leurs travaux, marchant sans armure, tête nue, inexpérimentés dans la guerre, et armés de bâtons ferrés ou de fauchards, qui auraient pu affronter les escadrons bardés de fer du Prince Noir retranchés dans de fortes positions, avec ces terribles archers anglais qui décochaient un si grand nombre de flèches, disent les historiens du temps, qu'elles ressemblaient « à une pluie de neige descendant sur notre armée. »

Soyons justes. Quand on a lu le rôle funèbre qu'écrivirent, à la fin de la bataille de Crécy, par les ordres d'Édouard, les deux clercs qu'il envoya avec trois hérauts pour reconnaître les armoiries des morts et pour consigner leurs noms sur des espèces de tables mortuaires, on ne peut s'empêcher d'admirer et de plaindre ces braves gens qui s'ensevelirent sous le désastre de la France. On peut dire que ces trois défaites sœurs qu'on appelle Crécy, Poitiers, Azincourt, épuisèrent les veines de la grande féodalité, qui mourut ainsi au champ d'honneur. Elle ne savait pas faire la guerre savante des temps modernes, d'accord ; mais elle savait mourir pour l'indépendance du pays, et c'est une science qu'on a toujours estimée en France. Aujourd'hui encore ce n'est pas sans attendrissement qu'on retrouve sur cette liste les noms du duc de Bouillon, des comtes de Blois, d'Auxerre, de Sancerre, du duc de Lorraine, du comte d'Alençon, frère du roi, du seigneur de Thouars, du seigneur de Saint-Venant, et parmi tant d'autres noms qu'il serait trop long de citer, celui des trois d'Harcourt, le père et les deux fils, qui lavèrent dans leur sang généreux la tache qu'un traître avait imprimée à leur blason et moururent pour la France qu'il avait lâchement livrée aux Anglais.

Ah ! lorsque je vois, à la fin de la bataille de Poitiers, le roi Jean, resté seul debout au milieu de ses grands barons couchés à ses pieds comme des épis fauchés, et luttant encore, sa masse d'armes à la main, contre des flots d'ennemis, le front découvert et tout sanglant, car dans l'agitation du combat son casque était tombé, et il avait été atteint de deux blessures à la tête ; quand j'aperçois à côté du roi des fleurs de lis, sauvant ainsi l'honneur français dans cette journée néfaste, son fils Philippe, encore enfant, détournant les coups qu'on porte à son père, et l'avertissant chaque fois qu'un nouvel ennemi approche, tandis que l'intrépide Charny, étendu aux pieds du roi qu'il a longtemps couvert de son corps, serre de ses mains raidies par la mort l'oriflamme qui flotte encore sur ces champs funèbres, j'avoue que les paroles de haine ne me viennent pas à la bouche ; je ne puis insulter les gens qui meurent, je pleure sur la France, je pleure sur eux, je les reconnais pour nos compatriotes à leur courage, et je sens que j'aurais voulu mourir avec eux.

— Les Français ont toujours été de fiers soldats s'écria M. Pierre ému.

— Cette dette de justice payée, fit observer le curé, il faudra bien reconnaître que, la féodalité s'étant montrée impuissante à soutenir ces grandes guerres dans lesquelles l'esprit de conduite et de suite l'emporte sur le courage individuel et la fougue irréfléchie, l'institution des armées permanentes, qui devait amener un jour la ruine de la féodalité, se trouva motivée et justifiée.

— J'allais vous le dire. Les peuples marchent par leurs défaites comme par leurs victoires. L'épée de justice ne fut pas la seule qui échappa à la main de la féodalité ; il fut aussi prouvé qu'elle ne suffisait pas à tenir l'épée de la France contre l'étranger. Certes, ce n'était pas le courage qui leur manquait, à ces fiers barons dont les armures nous étonnent et nous effrayent par leur poids et leur grandeur, c'était l'esprit d'ensemble, la subordination et la discipline. Les batailles de la féodalité se composaient de combats singuliers que chacun encadrait à sa manière dans l'action générale, dont il se préoccupait peu. C'est ainsi que le maréchal de Clermont défiait Jean Chandos la veille de la bataille de Poitiers, parce qu'il portait comme lui dans ses armes une dame vêtue d'une robe bleue au milieu des rayons d'un soleil. Comme l'a dit Chateaubriand, la royauté, ainsi que l'armée nationale, accrut sa force de l'affaiblissement même du corps aristocratique militaire ; l'ancienne constitution de l'État s'altéra dans sa partie virtuelle, et la société marcha par ce qui semblait un malheur vers ce degré de civilisation où nous la voyons aujourd'hui.

— Et quelle date assignez-vous à cette décadence de la féodalité ? demanda l'avoué.

— Dès le quinzième siècle, elle était bien affaiblie et bien abaissée en France.

répondis-je. Alexis Monteil, ce patient investigateur qui est descendu, la lampe à la main, comme un mineur, dans les profondeurs du passé, met aux prises, dans un curieux chapitre de son *Histoire des Français des divers états*, un gentilhomme français avec trois autres gentilshommes, l'un Allemand, l'autre Polonais, le troisième Anglais ; la scène se passe au quinzième siècle. A la fin d'une conversation vive et animée dans laquelle on discute la situation de la noblesse dans les diverses contrées de l'Europe, le gentilhomme polonais adresse ces paroles au gentilhomme français : « Vous avez dégradé en France l'antique et vénérable féodalité ; c'est en France qu'a commencé ce débordement de rachats, de manumissions, d'affranchissements, de libertés, qui désennoblit l'Europe. Toutefois l'Allemagne l'a un peu suspendu, et nous l'avons entièrement arrêté en Pologne, où la féodalité est aussi franche qu'elle l'était sous notre glorieux roi Boleslas. »

Dans le premier moment, le gentilhomme français, ne sachant trop que répondre, demeure interdit et muet, et le baron allemand profite de son silence pour l'accabler. « Demandez-lui donc, crie-t-il au Polonais, si en France ils sont encore maîtres dans leurs fiefs ; s'ils ont le droit de se faire la guerre, de tuer, de brûler, sans être poursuivis comme meurtriers, comme incendiaires. Nous avons conservé tous ces droits, nous sommes restés maîtres chez nous ; à la diète, lorsque nous nous asseyons sur les bancs de nos collèges, nous portons notre tête aussi haute que celle de l'empereur. » Le gentilhomme polonais ne manque pas d'ajouter aussitôt : « Nous sommes une république de cent mille rois, tant que nous n'en avons pas élu un, et les nobles ne font pas comme en France la cour au roi, mais c'est le roi qui fait la cour aux nobles. »

— Et que répond le gentilhomme français ? demande M. Pierre.

— Il cherche d'abord des excuses, et puis à la fin la bonne raison vient d'elle-même. « Messieurs les Allemands, dit-il au gentilhomme allemand, vous êtes encore au quatorzième siècle, et vous, messieurs les Polonais, au treizième. Nous y avons été aussi, et vous passerez par tous les chemins par lesquels nous avons passé. Vaut-il mieux marcher les premiers, vaut-il mieux marcher les derniers ? Certes, nous, Français, nous aimons mieux l'un que l'autre. »

— Voilà qui est bien répondu, dit le curé. Il ne faut pas être injuste envers la féodalité, mais elle ne pouvait être le dernier mot de l'histoire du monde, et la France s'en éloigna la première parce qu'elle est la première née de la civilisation. »

TABLE DES MATIÈRES

Chapitre I
De l'avant féodalité 9

Chapitre II
De la féodalité telle que perçue par nos contemporains 11

Chapitre III
De l'origine et des principes de la féodalité 17

Chapitre IV
Du fonctionnement de la société féodale 25

Chapitre V
Du déclin progressif de la féodalité 31

Chapitre VI
De l'affaiblissement de la féodalité sur fond de renforcement de la royauté .. 37

BIBLIOGRAPHIE

La Semaine des familles (1860),
publication dirigée par Alfred Nettement

Histoire des Français depuis le temps des Gaulois jusqu'en 1830 (1838), par Théophile Lavallée

Dépot légal : décembre 2015
ISBN 978-2-36722-016-1

www.ingramcontent.com/pod-product-compliance
Lightning Source LLC
Chambersburg PA
CBHW020024050426
42450CB00005B/630